Perlen aus dem

Koran

Übersetzung:
Muhammad Ahmad Rassoul

Zusammenstellung:
Lutfur-Rahman Khan

Der Erlös aus dem Buchverkauf wird vollständig an die Projekte von Iqra Foundation gespendet.

Herstellung und Verlag:

BoD – Books on Demand, Norderstedt

Bibliografische Information der Deutschen Nationalbibliothek:
Die Deutsche Nationalbibliothek verzeichnet diese Publikation in der Deutschen Nationalbibliografie; detaillierte bibliografische Daten sind im Internet über http://dnb.d-nb.de abrufbar.

ISBN: 978-3-7460-3043-2

Iqra Verlag

Inhaltsverzeichnis

Einleitung 7

Vorwort...9

Sura Al-Fātiḥa (Die Eröffnende) 17

Allah liebt … 18

Allah liebt nicht … 20

Allah ist … 22

Zorn und Groll...27

Hochmut und Überheblichkeit...............................28

Behauptung..29

Gehorsam von Autoritätspersonen 30

Unzucht und Ehebruch 31

Frömmigkeit, Aufrichtigkeit und deren Vorzüglichkeit.....32

Verleumdung und Unheil stiften 38

Die Last eines Anderen tragen...............................39

Veränderung eines Zustandes................................40

Wohltätigkeit...42

Christen und Juden 47

Bekleidung...48

Das Verborgene und das Offenkundige.................50

Das Abwägen des rechten Maßes 51

Erschaffung des Menschen....................................53

Die Wunder der Schöpfung 56

Der Jüngste Tag...63

Verleugnung Allahs Hilfe......................................66

Verzweiflung 67

Der Satan 68

Die Bestrafung im Jenseits 70

Bittgebete aus dem Koran......................................78

Auswanderung...87

Aufklärung...88

Gute und schlechte Worte......................................89

Triumphieren 91
Gottesfurcht 92
Speisung der Bedürftigen 96
Ernährung: erlaubtes und verbotenes...............................97
Freitagsgebet...98
Gute Taten 100
Habgier 101
Die Hüter 102
Die Rechtgeleiteten..103
Die Pilderfahrt 106
Das Jenseits 109
Das Vermögen 111
Homosexualität..112
Erhabenheit...113
Berauschendes und Glückspiel..114
Neid 115
Jinn 116
Gerechtigkeit 118
Das Töten..120
Freundlichkeit..122
Wissen 124
Zauberei..127
Habsucht 128
Spotten und üble Nachrede...129
Die Nacht der Bestimmung 130
Das Gelübde 131
Die Unterdrückung 132
Die Waisen 134
Das Paradies 135
Die Eltern..140
Die Standhaftigkeit und das Gebet 141
Das Gebet und die Spende...144
Der Prophet..149
Der Koran 151
Der Ramadan 157

Die Rangstufen 158
Die Reue und die Vergebung............................159
Rache 164
Die Spaltung in der Religion 165
Selbsterkenntnis..166
Die Sünde aus Unwissenheit 166
Die seelische Belastbarkeit...............................167
Die Hingabe zu Allah 169
Die Prüfung 169
Die Dankbarkeit...171
Die Wahrheit..173
Der Zins und der Handel 175
Die Gelüste und der Frevel................................178
Die Verschwendung 181
Die Ehegattin 182
Die Weisheit im Koran 184

Einleitung

Die vorliegende Zusammenstellung möchte einen Einblick in die tiefgreifende Weisheit und Lehre der heiligen Verse des Qur'an vermitteln und zeigen wie diese im Verhältnis zueinander stehen.

Dies ist um eine vollwertige Ordnung für die Gewährleistung von gesellschaftlicher Harmonie im Diesseits und der Errettung im Jenseits aufbauen zu können. Ein Buch wie dieses war notwendig, um die wesentliche Bedeutung der islamischen Werte näher zu bringen.

Sowie Rituale von essenzieller Bedeutung sind, ist die spirituelle Hingabe ebenso von fundamentaler Wichtigkeit, um die eigene persönliche Verfeinerung zu erlangen. Dies sollte wiederum einen Menschen ermutigen sich selbst mit Engagement einzubringen, um eine friedvolle Gesellschaft aufzubauen.

Der Autor, Lutfur Rahman Khan, geb. 1937, absolvierte sein Ingenieurstudium im Bereich Elektrotechnik mit Vertiefungsrichtung Telekommunikation (*Nachrichtentechnik*). In seiner Laufbahn besetzte er führende Positionen in den Bereichen Telecom, Industries und Telecom Consultancy.

Sein naturwissenschaftliches Wissen verhalf ihm zu der Erkenntnis, dass wissenschaftliche Aussagen im Qur'an mit der modernen Wissenschaft nicht im Widerspruch zueinander stehen. Zudem ist der Autor in der Welt viel umher gereist, im Westen sowie Osten, und konnte somit seine Lebenserfahrungen in die Arbeit des vorliegenden Buches mit einfließen lassen.

Vorwort

Die Verse des heiligen Qur'an sind göttliche Offenbarungen von Allah dem Erhabenen, welche Engel Gabriel an Propheten Muhammad – Allah segne ihn und gebe ihm Heil – hinabgesandt wurden. Die Verse sind die absolute Wahrheit und an der Authentizität des Qur'an besteht kein Zweifel.

Der Qur'an wurde hinabgesandt als Frohbotschaft und Wohltat für die Menschheit, als ein Leitfaden und Trost, um den unterschiedlichsten Gegebenheiten und Umständen des diesseitigen Lebens entgegenzutreten. Der Qur'an dient jedoch auch als Wegweiser und Leitfaden für das Jenseits.

Die Aufgabe eines jeden Muslims besteht nicht nur darin, den Qur'an zu lesen und zu rezitieren, sondern auch nach dem Vorgeschriebenen zu handeln und dementsprechend seine Lebensweise zu gestalten. Darüber hinaus sollte ein Gläubiger die Botschaft des Qur'an an andere verkünden und bestenfalls seine spirituellen Erfahrungen und Erkenntnisse mit seinen Mitmenschen teilen und austauschen.

Diese Zusammenstellung einiger göttlichen Offenbarungen ist ein bescheidener Versuch einen vereinfachten Zugang und Verständnis zu den Aussagen und Bedeutung der heiligen Verse zu ermöglichen.

Allah – der Erhabene – sagt im Qur'an: *„Er ist es, Der das Buch (als Offenbarung) auf dich herabgesandt hat. Dazu gehören eindeutige Verse – sie sind der Kern des Buches – und andere, mehrdeutige. Was aber diejenigen angeht, in deren Herzen (Neigung zum) Abschweifen ist, so folgen sie dem, was davon mehrdeutig ist, im Trachten nach Irreführung und im Trachten nach ihrer Missdeutung. Aber niemand weiß ihre Deutung außer Allah. Und diejenigen, die im Wissen fest gegründet sind, sagen: ‚Wir glauben daran; alles ist von unserem Herrn.' aber nur diejenigen bedenken, die Verstand besitzen."*[1]

Das vorliegende Werk könnte als Hilfsmittel dienen, das Gebotene und Verbotene im Qur'an näher zu verstehen.

Insbesondere für die jüngere Generation, die mit viellerlei Herausforderungen wie Ausbildung, Kar-riere und den Erwerb von Lebensunterhalt konfrontiert ist, so könnte dieses Buch durchaus als eine Stütze dienen. Möglicherweise könnte diese Lektüre auch neue Konvertiten zu einem besseren Verständnis verhelfen.

Da der Qur'an sehr umfangreich ist, liegt es nahe, dass die obengenannten Gruppen sich oft dazu entscheiden, den Qur'an zu einem späteren Zeit-

---

[1] Sure 3 (Die Sippe Imrans), 7.

punkt zu lesen, verbleiben jedoch dabei lediglich die Botschaft nur per Hören und Sagen aufzunehmen. Daher dient dieses vorliegende Werk auch als Anregung dafür, den Qur'an in Seiner Vollständigkeit zu lesen und durch Nachsinnen seinen eigenen Glauben zu entfalten.

Der Gläubige muss den gesamten Qur'an mit voller Hingabe und Demut lesen und dies öfters wiederholen. Denn nur so wird es ihm möglich sein, die Weisheit und Tiefe des Qur'an zu erkennen und die Erleuchtung des Glaubens durch Allah, den Erhabenen, zu erfahren. Eine Erleuchtung, welche mit der Zeit zu fortschreitenden Stufen getragen wird. Allah – der Erhabene – sagt im Qur'an: *„Er ist es, der die innere Ruhe in die Herzen der Gläubigen herabgesandt hat, damit sie in ihrem Glauben noch an Glauben zunehmen. […]"*[2]

Der Qur'an steht nicht im Widerspruch zu der modernen Wissenschaft und steht daher nicht als Hindernis für den Glauben im Wege. Vielmehr fordert der Qur'an zu wissenschaftlichen Erforschungen und Errungenschaften auf und deutet auf eine Vielzahl von Bereichen hin.

Zum Beispiel sagt Allah, der Erhabene, im Qur'an: *„Woraus hat Er ihn erschaffen? Aus einem Samentropfen hat Er ihn erschaffen und ihm dabei sein muss fest-*

---

[2] Sure 48 (Die Eröffnende), 4.

11

gesetzt."[3] [Biologie], oder *„Allah ist es, Der die Himmel ohne Stütze, die ihr sehen könnt, emporgehoben hat [...]"*[4] [Gravitationskraft der Physik], oder *„Allah ist es, Der die Körner und die Kerne spaltet und das Lebendige aus dem Toten hervorbringt. [...]"*[5] [Botanik], oder *„Allah ist es, Der sieben Himmel erschaffen hat, und von der Erde gleich (viel). [...]*[6] [Astronomie], oder *„Sehen sie denn nicht auf die Vögel über ihnen, wie sie ihre Flügel ausgebreitet halten und einziehen? Nur der Allerbarmer hält sie. [...]*[7] [Aerodynamik/ Strömungslehre]. Doch dies sind nur wenige von zahlreichen vielen Beispielen.

Dennoch muss man sich vor Augen halten, dass der Qur'an weder ein Physik- noch ein Biologiebuch ist. Der Gläubige realisiert durch die Worte Allahs – des Erhabenen – die unermessliche Weite und die Vollkommenheit Seiner Schöpfung.

Man betrachte doch nur einmal unseren Planeten Erde: Die Erde befindet sich nie im Ruhezustand, sondern rotiert auf ihrer Bahn mit einer Umlaufgeschwindigkeit von 1.674 km/h, wobei sie die Sonne auf einer elliptischen Bahn mit einer Geschwindigkeit von 10.800 km/h auf die Sekunde genau umkreist. Und dies Jahr für Jahr, wobei wir Menschen nicht das Geringste von diesen Bewe-

---

[3] Sure 80 (Er blickte düster), 18-19.

[4] Sure 13 (Der Donner), 2.

[5] Sure 6 (Das Vieh), 95.

[6] Sure 65 (Die Scheidung), 12.

[7] Sure 67 al-Mulk (Die Herrschaft), 19.

gungen spüren. Selbst die kleinste Abweichung aus der Umlaufbahn würde unsere Erde aus der Bahn in den unendlichen Weltraum werfen oder aber von der Sonne verschlungen werden.

Es ist schwer vorstellbar, dass sich alles im Gleichgewicht befindet und wir ein Teil dieses komplexen Systems sind. Und dennoch gleicht die Erde nur einem kleinen Punkt, wenn man einen Blick auf das gesamte Universum wirft.

Ein weiteres Beispiel ist unser Körper. Bei jedem Arztbesuch kommt man doch immer wieder ins Staunen und Verwunderung, wenn man an den Praxiswänden die Tafeln und Grafiken unserer menschlichen Anatomie betrachtet, welch ein komplexes und funktionstüchtiges Gebilde unser Körper doch tatsächlich ist.

Oder aber schauen wir auf die Ameise. Die Ameise deckt alle körperlichen Systeme ab. Sie handelt nicht nur als eine einzelne arbeitende Kraft, sondern als ein wesentliches Mitglied bzw. Teil einer großen Gemeinschaft als Ganzes. Sie kann sehen, Nahrung sammeln, Nahrungsvorräte speichern und logistische Vorkehrungen treffen. Allah – der Erhabene – sagt im Qur'an: *„Allah schämt sich nicht, ein Gleichnis auch nur mit einer Mücke oder mit etwas darüber (hinaus) zu prägen. [...]"*[8]

---

[8] Sure 2 (Die Kuh), 26.

Wenn wir Seine Schöpfung betrachten, klein oder groß, erzeugt dies immer wieder ein Erstaunen darüber, wie wir all Seine Wunder, die uns doch so nah sind, leicht übersehen.

Allah – der Erhabene – sagt im Qur'an: *„Und sag: Alles Lob gehört Allah! Er wird euch Seine Zeichen zeigen, und dann werdet ihr sie erkennen.* […]"[9]

Es ist unmöglich die Rhetorik des Qur'an zu übersetzen ohne dabei die einzigartige Schönheit und Bedeutung zu verlieren. Keine Übersetzung könnte den Reiz seiner Bilder, Seine rhetorische Wucht, die Dynamik seiner Alliteration oder seinen Endreim und seine Reimprosa wiedergeben.

Bei dieser Übersetzung war man bemüht, die Aussage und den Inhalt der Verse vereinfacht auf verständliche Weise wiederzugeben, aber dabei stets möglichst nah am arabischen Wortlaut zu halten.

Ein wichtiger Aspekt zu der arabischen Sprache im Qur'an: Der Qur'an beinhaltet etwa 1.500 Grundwörter, wobei davon 300 schon allein 75% des gesamten Qur'an abdecken. Würde man diese Wörter und Grundkenntnisse der arabischen Grammatik erlernen, so würde das Verständnis des Qur'an dem Leser erheblich erleichtert werden.

---

[9] Sure 27 (Die Ameisen), 93.

Mittlerweile sind Computerprogramme und Software mit Lernprogramm für jedermann zugänglich und erhältlich.

Denn der Aufwand für das Erlernen und Verstehen des Qur'ans, wird unseren Horizont um ein Vielfaches erweitern und unseren Geist erwecken und anspornen unseren Charakter zu bessern.

Die ausgewählten Verse wurden in ihrer Chronologie alphabetisch nach Themen angeordnet. Im Qur'an werden viele Verse mehrfach wiederholt und auf den jeweiligen Kontext bezogen. Dies, um den Menschen immer wieder an die göttliche Botschaft zu erinnern, da der Mensch nun mal auch dazu neigt, zu vergessen.

Um den Leser nicht zu verwirren, wurden in diesem Werk Fußnoten und Bemerkungen mit der Intention dem Leser das Lesen zu vereinfachen, vermieden.

Möge Allah – der Erhabene – dieses vorliegende, bescheidene Werk von Seinem Diener annehmen, segnen und einer noch größeren Leserschaft Zugang zu Seinem Wort gewähren und uns alle in Seinem Lichte wandeln lassen.

Lutfur-Rahman Khan

سُورَةُ الفَاتِحَةِ

بِسْمِ ٱللَّهِ ٱلرَّحْمَٰنِ ٱلرَّحِيمِ ١ ٱلْحَمْدُ لِلَّهِ رَبِّ ٱلْعَٰلَمِينَ ٢ ٱلرَّحْمَٰنِ ٱلرَّحِيمِ ٣ مَٰلِكِ يَوْمِ ٱلدِّينِ ٤ إِيَّاكَ نَعْبُدُ وَإِيَّاكَ نَسْتَعِينُ ٥ ٱهْدِنَا ٱلصِّرَٰطَ ٱلْمُسْتَقِيمَ ٦ صِرَٰطَ ٱلَّذِينَ أَنْعَمْتَ عَلَيْهِمْ غَيْرِ ٱلْمَغْضُوبِ عَلَيْهِمْ وَلَا ٱلضَّآلِّينَ ٧

Sura Al-Fātiḥa (*Die Eröffnende*)

Im Namen Allahs, des Allerbarmers, des Barmherzigen! (1) Alles Lob gebührt Allah, dem Herrn der Welten (2), dem Allerbarmer, dem Barmherzigen (3), dem Herrscher am Tage des Gerichts! (4) Dir allein dienen wir, und Dich allein bitten wir um Hilfe. (5) Führe uns den geraden Weg (6), den Weg derer, denen Du Gnade erwiesen hast, nicht den Weg derer, die Deinen Zorn erregt haben, und nicht den Weg der Irregehenden. (7)

Allah liebt …

إِنَّ ٱللَّهَ يُحِبُّ ٱلتَّوَّٰبِينَ وَيُحِبُّ ٱلْمُتَطَهِّرِينَ ٢٢٢

Allah liebt diejenigen, die sich (*Ihm*) reuevoll zuwenden und die sich reinigen." (2:222)

فَإِنَّ ٱللَّهَ يُحِبُّ ٱلْمُتَّقِينَ ٧٦

Allah liebt die Gottesfürchtigen. (3:76)

وَٱللَّهُ يُحِبُّ ٱلْمُحْسِنِينَ ١٤٨

Und Allah liebt diejenigen, die Gutes tun. (3:148)

إِنَّ ٱللَّهَ يُحِبُّ ٱلْمُقْسِطِينَ ٤٢

Wahrlich, Allah liebt die Gerechten. (5:42)

وَٱللَّهُ يُحِبُّ ٱلْمُحْسِنِينَ ٩٣

Und Allah liebt jene, die Gutes tun. (5:93)

وَٱللَّهُ يُحِبُّ ٱلْمُطَّهِّرِينَ ١٠٨

Und Allah liebt diejenigen, die sich reinigen. **(9:108)**

إِنَّ ٱللَّهَ يَجْزِى ٱلْمُتَصَدِّقِينَ ٨٨

Allah belohnt die Wohltätigen. **(12:88)**

وَلَيَنصُرَنَّ ٱللَّهُ مَن يَنصُرُهُ ٤٠

Und Allah wird gewiss dem zum Sieg verhelfen, der
für Seinen Sieg eintritt. **(22:40)**

وَإِن تَشْكُرُواْ يَرْضَهُ لَكُمْ ٧

Doch wenn ihr aber dankbar seid, so gefällt Ihm das
an euch. **(39:7)**

وَٱللَّهُ يُحِبُّ ٱلْمُحْسِنِينَ ١٤٨

Und Allah liebt diejenigen, die Gutes tun. **(3:148)**

إِنَّ ٱللَّهَ يُحِبُّ ٱلْمُتَوَكِّلِينَ ١٥٩

Wahrlich, Allah liebt diejenigen, die auf Ihn vertrau-
en. **(3:159)**

Allah liebt nicht ...

إِنَّ ٱللَّهَ لاَ يُحِبُّ ٱلْمُعْتَدِينَ ١٩٠

Wahrlich, Allah liebt nicht diejenigen, die über-
treten. **(2:190)**

وَٱللَّهُ لاَ يُحِبُّ ٱلْفَسَادَ ٢٠٥

Und Allah liebt das Unheil nicht. **(2:205)**

وَٱللَّهُ لاَ يُحِبُّ ٱلظَّالِمِينَ ٥٧

Und Allah liebt nicht die Ungerechten. **(3:57)**

إِنَّ ٱللَّهَ لاَ يُحِبُّ مَن كَانَ خَوَّاناً أَثِيماً ١٠٧

Wahrlich, Allah liebt nicht denjenigen, der ein
Betrüger, ein Sünder ist. **(4:107)**

وَٱللَّهُ لاَ يُحِبُّ ٱلْمُفْسِدِينَ ٦٤

Und Allah liebt nicht die Unheilstifter. **(5:64)**

إِنَّهُ لاَ يُحِبُّ ٱلْمُسْرِفِينَ ١٤١

Wahrlich, Er liebt diejenigen nicht, die nicht Maß halten. **(6:141)**

إِنَّهُ لاَ يُحِبُّ ٱلْمُسْتَكْبِرِينَ ٢٣

Wahrlich, Er liebt die Hochmütigen nicht. **(16:23)**

إِنَّ ٱللَّهَ لاَ يُحِبُّ كُلَّ مُخْتَالٍ فَخُورٍ ١٨

Allah liebt keine eingebildeten Prahler. **(31:18)**

..und Allah ist …

لاَ إِلَـٰهَ إِلاَّ هُوَ ٱلرَّحْمَـٰنُ ٱلرَّحِيمُ ١٦٣

Kein Gott ist da außer Ihm, dem Sich Erbarmenden, dem Barmherzigen. **(2:163)**

إِنَّ ٱللَّهَ غَفُورٌ رَّحِيمٌ ١٧٣

Allah ist Allverzeihend, Barmherzig. **(2:173)**

أَنَّ ٱللَّهَ عَزِيزٌ حَكِيمٌ ٢٠٩

Allah Allmächtig ist und Allweise. **(2:209)**

فَإِنَّ ٱللَّهَ شَدِيدُ ٱلْعِقَابِ ٢١١

Dann ist Allah wahrlich streng im Strafen. **(2:211)**

وَٱللَّهُ عَلِيمٌ بِٱلظَّالِمِينَ ٢٤٦

Und Allah kennt die Ungerechten. **(2:246)**

فَإِنَّ ٱللَّهَ عَلِيمٌ بِٱلْمُفْسِدِينَ ٦٣

Und wenn sie sich abwenden, so kennt Allah die Missetäter. **(3:63)**

وَٱللَّهُ ذُو ٱلْفَضْلِ ٱلْعَظِيمِ ٧٤

Und Allah ist Herr der großen Huld. **(3:74)**

وَٱللَّهُ عَلِيمٌ بِٱلْمُتَّقِينَ ١١٥

Und Allah kennt die Gottesfürchtigen. **(3:115)**

عَالِمُ ٱلْغَيْبِ وَٱلشَّهَادَةِ وَهُوَ ٱلْحَكِيمُ ٱلْخَبِيرُ ٧٣

Er kennt das Verborgene und das Offenkundige; und Er ist der Allweise, Der Allkundige. **(6:73)**

لَا تُدْرِكُهُ ٱلْأَبْصَارُ وَهُوَ يُدْرِكُ ٱلْأَبْصَارَ وَهُوَ ٱللَّطِيفُ ٱلْخَبِيرُ

Blicke können Ihn nicht erreichen, Er aber erreicht die Blicke. Und Er ist der Allgütige, der Allkundige. **(6:103)**

وَلِلَّهِ الْأَسْمَاء الْحُسْنَى فَادْعُوهُ بِهَا

Und Allahs sind die Schönsten Namen; so ruft Ihn mit ihnen an. **(7:180)**

إِنَّ ٱللَّهَ هُوَ ٱلتَّوَّابُ ٱلرَّحِيمُ ١١٨

Wahrlich, Allah ist der Gnädige, der Barmherzige. **(9:118)**

وَٱللَّهُ يَعْلَمُ مَا تُسِرُّونَ وَمَا تُعْلِنُونَ ١٩

Und Allah weiß, was ihr verbergt und was ihr kundtut. **(16:19)**

إِنَّ ٱللَّهَ مَعَ ٱلَّذِينَ ٱتَّقَواْ وَٱلَّذِينَ هُم مُّحْسِنُونَ ١٢٧

Wahrlich, Allah ist mit denen, die gottesfürchtig sind und Gutes tun. **(16:128)**

وَهُوَ ٱلَّذِى يُحْىِ وَيُمِيتُ وَلَهُ ٱخْتِلَافُ ٱلَّيْلِ وَٱلنَّهَارِ أَفَلَا تَعْقِلُونَ ٨٠

Und Er ist es, Der leben und sterben lässt, und in Seinen Händen ruht der Wechsel von Nacht und Tag. Wollt ihr es denn nicht begreifen? **(23:80)**

يَهْدِى ٱللَّهُ لِنُورِهِ مَن يَشَآءُ ٣٥

Allah leitet zu Seinem Licht, wen Er will. **(24:35)**

وَٱللَّهُ يَرْزُقُ مَن يَشَاءُ بِغَيْرِ حِسَابٍ ٣٨

Und Allah versorgt ja, wen Er will, ohne zu rechnen.
(24:38)

ٱللَّهَ يَبْسُطُ ٱلرِّزْقَ لِمَن يَشَاءُ مِنْ عِبَادِهِ وَيَقْدِرُ

Es ist wahrlich Allah, Der denen von Seinen Dienern
die Mittel zum Unterhalt erweitert und beschränkt,
denen Er will. **(28:82)**

وَكَانَ بِٱلْمُؤْمِنِينَ رَحِيماً ٤٣

Und Er ist Barmherzig gegen die Gläubigen. **(33:43)**

لِيُوَفِّيَهُمْ أُجُورَهُمْ وَيَزِيدَهُم مِّن فَضْلِهِ ٣٠

Damit gibt Er ihnen ihren vollen Lohn und noch
mehr aus Seiner Huld hinzu. **(35:30)**

إِنَّمَا أَمْرُهُ إِذَا أَرَادَ شَيْئاً أَن يَقُولَ لَهُ كُن فَيَكُونُ ٨٢

Wenn Er ein Ding will, lautet Sein Befehl nur: "Sei!"
–und es ist. **(36:82)**

حـم ١ تَنزِيلُ ٱلْكِتَابِ مِنَ ٱللَّهِ ٱلْعَزِيزِ ٱلْعَلِيمِ ٢ غَافِرِ ٱلذَّنبِ

وَقَابِلِ ٱلتَّوْبِ شَدِيدِ ٱلْعِقَابِ ذِى ٱلطَّوْلِ ٣

Ḥā Mī * Die Offenbarung des Buches stammt von Allah, Dem Erhabenen, Dem Allwissenden *, Dem die Sünde Vergebenden und die Reue Annehmenden, Dem Strengen in der Bestrafung, Dem Besitzer der Gnadenfülle. (40:1-3)

يَعْلَمُ مَا يَلِجُ فِي الْأَرْضِ وَمَا يَخْرُجُ مِنْهَا وَمَا يَنزِلُ مِنَ السَّمَاءِ وَمَا يَعْرُجُ فِيهَا ۖ وَهُوَ مَعَكُمْ أَيْنَ مَا كُنتُمْ

Er weiß, was in die Erde eingeht und was aus ihr hervorkommt, was vom Himmel herniederkommt und was zu ihm aufsteigt. Und Er ist mit euch, wo immer ihr (auch) sein mögt. (57:4)

وَهُوَ عَلِيمٌ بِذَاتِ ٱلصُّدُورِ ٦

Er ist der Kenner all dessen, was (ihr) in den Herzen hegt. (57:6)

Zorn und Groll

ٱلَّذِينَ يُنْفِقُونَ فِى ٱلسَّرَّآءِ وَٱلضَّرَّآءِ وَٱلْكَاظِمِينَ ٱلْغَيْظَ وَٱلْعَافِينَ عَنِ ٱلنَّاسِ وَٱللَّهُ يُحِبُّ ٱلْمُحْسِنِينَ ١٣٤

Die da spenden in Freud und Leid und den Groll unterdrücken und den Menschen vergeben. Und Allah liebt die Rechtschaffenen. **(3:134)**

وَٱلَّذِينَ يَجْتَنِبُونَ كَبَائِرَ ٱلْإِثْمِ وَٱلْفَوَاحِشَ وَإِذَا مَا غَضِبُوا۟ هُمْ يَغْفِرُون ٣٧

Und (*für jene, die*) die schwersten Sünden und Schändlichkeiten meiden und, wenn sie zornig sind, vergeben **(42:37)**

Hochmut und Überheblichkeit

سَأَصْرِفُ عَنْ آيَاتِيَ ٱلَّذِينَ يَتَكَبَّرُونَ فِى ٱلْأَرْضِ بِغَيْرِ ٱلْحَقِّ وَإِن يَرَوْاْ كُلَّ آيَةٍ لاَّ يُؤْمِنُواْ بِهَا

Abwenden aber will Ich von Meinen Zeichen diejenigen, die sich im Lande hochmütig gegen alles Recht gebärden; und wenn sie auch alle Zeichen sehen, so wollen sie nicht daran glauben; … **(7:146)**

لاَ جَرَمَ أَنَّ ٱللَّهَ يَعْلَمُ مَا يُسِرُّونَ وَمَا يُعْلِنُونَ إِنَّهُ لاَ يُحِبُّ ٱلْمُسْتَكْبِرِينَ ٢٣

Unzweifelhaft kennt Allah, was sie verbergen und was sie kundtun. Wahrlich, Er liebt die Hochmütigen nicht. **(16:23)**

وَلاَ تَمْشِ فِى ٱلْأَرْضِ مَرَحاً إِنَّكَ لَن تَخْرِقَ ٱلْأَرْضَ وَلَن تَبْلُغَ ٱلْجِبَالَ طُولاً ٣٧

Und wandle nicht ausgelassen (*in Übermut*) auf der Erde; denn du kannst weder die Erde durchbohren, noch kannst du die Berge an Höhe erreichen. **(17:37)**

وَلاَ تُصَعِّرْ خَدَّكَ لِلنَّاسِ وَلاَ تَمْشِ فِى ٱلْأَرْضِ مَرَحاً إِنَّ ٱللَّهَ لاَ

$$\text{يُحِبُّ كُلَّ مُخْتَالٍ فَخُورٍ} \text{ ١٨}$$

Und weise den Menschen nicht verächtlich deine Wange und schreite nicht ausgelassen (*in Übermut*) auf Erden; denn Allah liebt keine eingebildeten Prahler. **(31:18)**

Behauptung

$$\text{وَلاَ تَقُولَنَّ لِشَىْءٍ إِنِّى فَاعِلٌ ذٰلِكَ غَداً} \text{ ٢٣} \text{ إِلاَّ أَن يَشَآءَ ٱللَّهُ}$$

$$\text{وَٱذْكُر رَّبَّكَ إِذَا نَسِيتَ وَقُلْ عَسَىٰ أَن يَهْدِيَنِ رَبِّى لِأَقْرَبَ مِنْ}$$

$$\text{هٰـذَا رَشَداً} \text{ ٢٤}$$

Und sprich nie von einer Sache: "Ich werde es morgen tun" *, es sei denn (*du fügst hinzu*): "So Allah will". Und gedenke deines Herrn, wenn du dies vergessen hast, und sprich: "Ich hoffe, mein Herr

wird mich noch näher als diesmal zum rechten Weg
führen."(18:23-24)

Gehorsam von Autoritätspersonen

يَا أَيُّهَا ٱلَّذِينَ آمَنُواْ أَطِيعُواْ ٱللَّهَ وَأَطِيعُواْ ٱلرَّسُولَ وَأُوْلِي ٱلأَمْرِ
مِنْكُمْ فَإِن تَنَازَعْتُمْ فِي شَىْءٍ فَرُدُّوهُ إِلَى ٱللَّهِ وَٱلرَّسُولِ إِن كُنْتُمْ
تُؤْمِنُونَ بِٱللَّهِ وَٱلْيَوْمِ ٱلآخِرِ ذٰلِكَ خَيْرٌ وَأَحْسَنُ تَأْوِيلاً ٥٩

O ihr, die ihr glaubt, gehorcht Allah und gehorcht
dem Gesandten und denen, die unter euch Befehls-
gewalt besitzen. Und wenn ihr über etwas streitet,
so bringt es vor Allah und den Gesandten, wenn ihr
an Allah glaubt und an den Jüngsten Tag. Das ist
das Beste und nimmt am Ehesten einen guten
Ausgang. (4:59)

Unzucht und Ehebruch

وَلاَ تَقْرَبُواْ ٱلزِّنَىٰٓ إِنَّهُ كَانَ فَاحِشَةً وَسَآءَ سَبِيلاً ٣٢

Und kommt der Unzucht nicht nahe; seht; das ist eine Schändlichkeit und ein übler Weg. **(17:32)**

وَٱلَّذِينَ لاَ يَدْعُونَ مَعَ ٱللَّهِ إِلَـٰهًا آخَرَ وَلاَ يَقْتُلُونَ ٱلنَّفْسَ ٱلَّتِي حَرَّمَ ٱللَّهُ إِلاَّ بِٱلْحَقِّ وَلاَ يَزْنُونَ وَمَن يَفْعَلْ ذَٰلِكَ يَلْقَ أَثَاماً ٦٨

Und die, welche keinen anderen Gott außer Allah anrufen und niemanden töten, dessen Leben Allah unverletzlich gemacht hat - es sei denn, (*sie töten*) dem Recht nach, und keine Unzucht begehen: und wer das aber tut, der soll dafür zu büßen haben. **(25:68)**

Frömmigkeit, Aufrichtigkeit und deren Vorzüglichkeit

وَبَشِّرِ ٱلَّذِينَ آمَنُوا۟ وَعَمِلُوا۟ ٱلصَّالِحَاتِ أَنَّ لَهُمْ جَنَّاتٍ تَجْرِى مِن
تَحْتِهَا ٱلْأَنْهَارُ كُلَّمَا رُزِقُوا۟ مِنْهَا مِن ثَمَرَةٍ رِّزْقًا قَالُوا۟ هَٰذَا ٱلَّذِى
رُزِقْنَا مِن قَبْلُ وَأُتُوا۟ بِهِ مُتَشَابِهًا وَلَهُمْ فِيهَآ أَزْوَٰجٌ مُّطَهَّرَةٌ وَهُمْ
فِيهَا خَالِدُونَ ۝

Und verkünde die frohe Botschaft denjenigen, die glauben und Gutes tun, auf dass ihnen Gärten zuteilwerden, in deren Niederungen Bäche fließen; und sooft sie eine Frucht daraus bekommen, sagen sie: „Das ist doch das, was wir schon früher zu essen bekamen." Doch ihnen wird nur Ähnliches gegeben. Und ihnen gehören darin Gattinnen vollkommener Reinheit und sie werden ewig darin bleiben. **(2:25)**

لَّيْسَ ٱلْبِرَّ أَن تُوَلُّوا۟ وُجُوهَكُمْ قِبَلَ ٱلْمَشْرِقِ وَٱلْمَغْرِبِ وَلَٰكِنَّ
ٱلْبِرَّ مَنْ آمَنَ بِٱللَّهِ وَٱلْيَوْمِ ٱلْآخِرِ وَٱلْمَلَٰٓئِكَةِ وَٱلْكِتَابِ وَٱلنَّبِيِّينَ
وَآتَى ٱلْمَالَ عَلَىٰ حُبِّهِ ذَوِى ٱلْقُرْبَىٰ وَٱلْيَتَامَىٰ وَٱلْمَسَاكِينَ وَٱبْنَ
ٱلسَّبِيلِ وَٱلسَّآئِلِينَ وَفِى ٱلرِّقَابِ وَأَقَامَ ٱلصَّلَاةَ وَآتَى ٱلزَّكَاةَ
وَٱلْمُوفُونَ بِعَهْدِهِمْ إِذَا عَاهَدُوا۟ وَٱلصَّابِرِينَ فِى ٱلْبَأْسَآءِ وَٱلضَّرَّاءِ
وَحِينَ ٱلْبَأْسِ أُو۟لَٰٓئِكَ ٱلَّذِينَ صَدَقُوا۟ وَأُو۟لَٰٓئِكَ هُمُ ٱلْمُتَّقُونَ ۝

Es ist keine Frömmigkeit, wenn ihr eure Angesichter in Richtung Osten oder Westen wendet; Frömmigkeit ist vielmehr, dass man an Allah glaubt, den Jüngsten Tag, die Engel, das Buch und die Propheten und vom Vermögen - obwohl man es liebt – den Verwandten gibt, den Waisen, den Armen, dem Sohn des Weges, den Bettlern und (*für den Freikauf von*) Sklaven, dass man das Gebet verrichtet und die Zakah entrichtet. Es sind diejenigen, die ihr Versprechen einhalten, wenn sie es gegeben haben; und diejenigen, die in Elend, Not und in Kriegszeiten geduldig sind; sie sind es, die wahrhaftig und gottesfürchtig sind. **(2:177)**

إِنَّ ٱلَّذِينَ آمَنُواْ وَعَمِلُواْ ٱلصَّالِحَاتِ وَأَقَامُواْ ٱلصَّلاَةَ وَآتَوُاْ ٱلزَّكَاةَ لَهُمْ أَجْرُهُمْ عِندَ رَبِّهِمْ وَلاَ خَوْفٌ عَلَيْهِمْ وَلاَ هُمْ يَحْزَنُونَ ١٧٧

Wahrlich, denjenigen, die gläubig sind und gute Werke tun und das Gebet verrichten und die Zakah entrichten, ist ihr Lohn von ihrem Herrn (*gewiss*) und sie brauchen keine Angst haben noch werden sie traurig sein. **(2:277)**

إِن تَجْتَنِبُواْ كَبَآئِرَ مَا تُنْهَوْنَ عَنْهُ نُكَفِّرْ عَنكُمْ سَيِّئَاتِكُمْ وَنُدْخِلْكُم مُّدْخَلاً كَرِيماً ٣١

Wenn ihr euch von den schwereren unter den euch verbotenen Dingen fernhaltet, dann werden Wir eure geringeren Übel von euch hinweg nehmen und euch an einen ehrenvollen Platz führen. **(4:31)**

وَٱلَّذِينَ آمَنُواْ وَعَمِلُواْ ٱلصَّالِحَاتِ سَنُدْخِلُهُمْ جَنَّاتٍ تَجْرِى مِن تَحْتِهَا ٱلْأَنْهَارُ خَالِدِينَ فِيهَا أَبَداً وَعْدَ ٱللَّهِ حَقّاً وَمَنْ أَصْدَقُ مِنَ ٱللَّهِ قِيلاً ١٢٢

Diejenigen aber, die glauben und gute Werke tun, wollen Wir in Gärten führen, durch welche Bäche fließen, darin werden sie auf ewig und immerdar verweilen - (*dies ist*) eine wahrhaftige Verheißung Allahs; und wer ist glaubwürdiger in der Aussage als Allah? **(4:122)**

وَعَدَ ٱللَّهُ ٱلَّذِينَ آمَنُواْ وَعَمِلُواْ ٱلصَّالِحَاتِ لَهُم مَّغْفِرَةٌ وَأَجْرٌ عَظِيمٌ

Allah hat denen, die glauben und gute Werke tun, verheißen, dass sie Vergebung und großen Lohn erlangen werden. **(5:9)**

وَٱلَّذِينَ آمَنُواْ وَعَمِلُواْ ٱلصَّالِحَاتِ لاَ نُكَلِّفُ نَفْساً إِلاَّ وُسْعَهَا أُوْلَـٰئِكَ أَصْحَابُ ٱلْجَنَّةِ هُمْ فِيهَا خَالِدُونَ ٤٢

Diejenigen aber, die glauben und gute Werke tun –
Wir belasten keine Seele über ihr Vermögen hinaus,
sie sind die Bewohner des Paradieses; darin sollen
sie auf ewig verweilen. **(7:42)**

إِنَّ ٱلَّذِينَ هُم مِّنْ خَشْيَةِ رَبِّهِمْ مُّشْفِقُونَ ٥٧ وَٱلَّذِينَ هُم بِآيَاتِ

رَبِّهِمْ يُؤْمِنُونَ ٥٨ وَٱلَّذِينَ هُم بِرَبِّهِمْ لاَ يُشْرِكُونَ ٥٩ وَٱلَّذِينَ

يُؤْتُونَ مَآ آتَواْ وَّقُلُوبُهُمْ وَجِلَةٌ أَنَّهُمْ إِلَىٰ رَبِّهِمْ رَاجِعُونَ ٦٠

أُوْلَـٰئِكَ يُسَارِعُونَ فِى ٱلْخَيْرَاتِ وَهُمْ لَهَا سَابِقُونَ ٦١ وَلاَ

نُكَلِّفُ نَفْساً إِلاَّ وُسْعَهَا وَلَدَيْنَا كِتَابٌ يَنطِقُ بِٱلْحَقِّ وَهُمْ لاَ

يُظْلَمُونَ ٦٢

Wahrlich, jene, die sich aus Furcht vor ihrem Herrn
Sorge tragen *, und jene, die an die Zeichen ihres
Herrn glauben *, und jene, die ihrem Herrn nichts
zur Seite stellen *, und jene, die da spenden, was zu
spenden ist, und jene, deren Herzen beben, weil sie
zu ihrem Herrn zurückkehren werden *, sie sind es,
die sich bei guten Werken beeilen und ihnen darin
voraus sind. * Und Wir fordern von keiner Seele
etwas über das hinaus, was sie zu leisten vermag.
Und Wir haben ein Buch, das die Wahrheit spricht;
und es soll ihnen kein Unrecht geschehen. **(23:57-62)**

إِنَّ ٱلْمُسْلِمِينَ وَٱلْمُسْلِمَاتِ وَٱلْمُؤْمِنِينَ وَٱلْمُؤْمِنَاتِ وَٱلْقَانِتِينَ وَٱلْقَانِتَاتِ وَٱلصَّادِقِينَ وَٱلصَّادِقَاتِ وَٱلصَّابِرِينَ وَٱلصَّابِرَاتِ وَٱلْخَاشِعِينَ وَٱلْخَاشِعَاتِ وَٱلْمُتَصَدِّقِينَ وَٱلْمُتَصَدِّقَاتِ وَٱلصَّائِمِينَ وَٱلصَّائِمَاتِ وَٱلْحَافِظِينَ فُرُوجَهُمْ وَٱلْحَافِظَاتِ وَٱلذَّاكِرِينَ ٱللَّهَ كَثِيراً وَٱلذَّاكِرَاتِ أَعَدَّ ٱللَّهُ لَهُم مَّغْفِرَةً وَأَجْراً عَظِيماً ٣٥

Wahrlich, die muslimischen Männer und die muslimischen Frauen, die gläubigen Männer und die gläubigen Frauen, die gehorsamen Männer und die gehorsamen Frauen, die wahrhaftigen Männer und die wahrhaftigen Frauen, die geduldigen Männer und die geduldigen Frauen, die demütigen Männer und die demütigen Frauen, die Männer, die Almosen geben, und die Frauen, die Almosen geben, die Männer, die fasten, und die Frauen, die fasten, die Männer, die ihre Keuschheit wahren, und die Frauen, die ihre Keuschheit wahren, die Männer, die Allahs häufig gedenken, und die Frauen, die (*Allahs häufig*) gedenken – Allah hat ihnen (*allen*) Vergebung und großen Lohn bereitet. **(33:35)**

هُوَ ٱلَّذِى أَنزَلَ ٱلسَّكِينَةَ فِى قُلُوبِ ٱلْمُؤْمِنِينَ لِيَزْدَادُوا إِيمَاناً مَّعَ إِيمَانِهِمْ وَلِلَّهِ جُنُودُ ٱلسَّمَاوَاتِ وَٱلْأَرْضِ وَكَانَ ٱللَّهُ عَلِيماً حَكِيماً ، لِّيُدْخِلَ ٱلْمُؤْمِنِينَ وَٱلْمُؤْمِنَاتِ جَنَّاتٍ تَجْرِى مِن

تَحْتِهَا ٱلْأَنْهَارُ خَالِدِينَ فِيهَا وَيُكَفِّرَ عَنْهُمْ سَيِّئَاتِهِمْ وَكَانَ ذٰلِكَ عِندَ ٱللَّهِ فَوْزاً عَظِيماً ۚ

Er ist es, Der die Ruhe in die Herzen der Gläubigen niedersandte, damit sie ihrem Glauben Glauben hinzufügen - und Allahs sind die Heerscharen der Himmel und der Erde, und Allah ist Allwissend, Allweise *, auf dass Er die gläubigen Männer und die gläubigen Frauen einführe in Gärten, durch die Bäche fließen, um ewig darin zu verweilen, und auf dass Er ihre Missetaten von ihnen nehme - und das ist vor Allah ein großer Gewinn; **(48:4-5)**

Verleumdung und Unheil stiften

وَلاَ تُجَادِلْ عَنِ ٱلَّذِينَ يَخْتَانُونَ أَنْفُسَهُمْ إِنَّ ٱللَّهَ لاَ يُحِبُّ مَن كَانَ خَوَّاناً أَثِيماً ١٠٧

Und setze dich nicht für diejenigen ein, die sich selbst betrügen. Wahrlich, Allah liebt nicht denjenigen, der ein Betrüger, ein Sünder ist. **(4:107)**

وَمَن يَكْسِبْ خَطِيئَةً أَوْ إِثْماً ثُمَّ يَرْمِ بِهِ بَرِيئاً فَقَدِ ٱحْتَمَلَ بُهْتَاناً وَإِثْماً مُّبِيناً ١١٢

Und wer einen Fehler oder eine Sünde begeht und sie dann einem Unschuldigen zur Last legt, der trägt eine Verleumdung und eine offenkundige Sünde. **(4:112)**

ظَهَرَ ٱلْفَسَادُ فِى ٱلْبَرِّ وَٱلْبَحْرِ بِمَا كَسَبَتْ أَيْدِى ٱلنَّاسِ لِيُذِيقَهُمْ بَعْضَ ٱلَّذِى عَمِلُواْ لَعَلَّهُمْ يَرْجِعُونَ ٤١

Unheil ist auf dem Festland und auf dem Meer sichtbar geworden um dessentwillen, was die Hände der Menschen gewirkt haben, auf dass Er sie die (*Früchte*) so mancher ihrer Handlungen kosten lasse, damit sie sich besännen. **(30:41)**

اَسْتِكْبَاراً فِي ٱلْأَرْضِ وَمَكْرَ ٱلسَّيِّئِ وَلاَ يَحِيقُ ٱلْمَكْرُ ٱلسَّيِّءُ إِلاَّ
بِأَهْلِهِ فَهَلْ يَنظُرُونَ إِلاَّ سُنَّةَ ٱلْأَوَّلِينَ فَلَن تَجِدَ لِسُنَّةِ ٱللَّهِ تَبْدِيلاً
وَلَن تَجِدَ لِسُنَّةِ ٱللَّهِ تَحْوِيلاً ٤٣

(*Sie sind*) in Hochmut auf Erden und böse im Planen.
Doch der böse Plan fängt nur seine Urheber ein.
Erwarten sie denn etwas anderes als das Vorgehen
gegenüber den Früheren? Aber in Allahs Vorgehen
wirst du nie eine Änderung finden; und in Allahs
Verfahrensweise wirst du nie einen Wechsel finden.
(35:43)

Die Last eines Anderen tragen

مَّنِ ٱهْتَدَىٰ فَإِنَّمَا يَهْتَدِى لِنَفْسِهِ وَمَن ضَلَّ فَإِنَّمَا يَضِلُّ عَلَيْهَا وَلاَ
تَزِرُ وَازِرَةٌ وِزْرَ أُخْرَىٰ وَمَا كُنَّا مُعَذِّبِينَ حَتَّىٰ نَبْعَثَ رَسُولاً ١٥

Wer den rechten Weg befolgt, der befolgt ihn nur zu
seinem eigenen Heil; und wer irregeht, der geht
allein zu seinem eignen Schaden irre. Und keine Last
tragende Seele soll die Last einer anderen tragen.

Und Wir bestrafen nie, ohne zuvor einen Gesandten geschickt zu haben. **(17:15)**

وَلاَ تَزِرُ وَازِرَةٌ وِزْرَ أُخْرَىٰ

Und keine Last tragende (*Seele*) soll die Last einer anderen tragen. **(6:164)**

لاَ يُكَلِّفُ ٱللَّهُ نَفْساً إِلاَّ وُسْعَهَا لَهَا مَا كَسَبَتْ وَعَلَيْهَا مَا ٱكْتَسَبَتْ

Allah fordert von keiner Seele etwas über das hinaus, was sie zu leisten vermag. Ihr wird zuteil, was sie erworben hat, und über sie kommt, was sie sich zuschulden kommen lässt …**(2:286)**

Veränderung eines Zustandes

ذَٰلِكَ بِأَنَّ ٱللَّهَ لَمْ يَكُ مُغَيِّراً نِّعْمَةً أَنْعَمَهَا عَلَىٰ قَوْمٍ حَتَّىٰ يُغَيِّرُواْ مَا بِأَنْفُسِهِمْ وَأَنَّ ٱللَّهَ سَمِيعٌ عَلِيمٌ ٥٣

Dies (*ist so*), weil Allah niemals eine Gnade ändern würde, die Er einem Volk gewährt hat, es sei denn, dass es seine eigene Einstellung änderte, und weil Allah Allhörend, Allwissend ist. **(8:53)**

إِنَّ اللَّهَ لاَ يُغَيِّرُ مَا بِقَوْمٍ حَتَّىٰ يُغَيِّرُواْ مَا بِأَنْفُسِهِمْ

Gewiss, Allah ändert die Lage eines Volkes nicht, ehe sie (*die Leute*) nicht selbst das ändern, was in ihren Herzen ist. **(13:11)**

Wohltätigkeit

مَّثَلُ ٱلَّذِينَ يُنفِقُونَ أَمْوَالَهُمْ فِى سَبِيلِ ٱللَّهِ كَمَثَلِ حَبَّةٍ أَنبَتَتْ سَبْعَ سَنَابِلَ فِى كُلِّ سُنبُلَةٍ مِّئَةُ حَبَّةٍ وَٱللَّهُ يُضَاعِفُ لِمَن يَشَآءُ وَٱللَّهُ وَاسِعٌ عَلِيمٌ ٢٦١

Das Gleichnis derjenigen, die ihr Vermögen auf dem Weg Allahs ausgeben, ist wie das Gleichnis eines Samenkorns, das sieben Ähren wachsen lässt, in jeder Ähre hundert Körner. Und Allah vervielfacht es, wem Er will. Und Allah ist Allumfassend, Allwissend. **(2:261)**

ٱلَّذِينَ يُنفِقُونَ أَمْوَالَهُمْ فِى سَبِيلِ ٱللَّهِ ثُمَّ لاَ يُتْبِعُونَ مَآ أَنفَقُواْ مَنًّا وَلاَ أَذًى لَّهُمْ أَجْرُهُمْ عِندَ رَبِّهِمْ وَلاَ خَوْفٌ عَلَيْهِمْ وَلاَ هُمْ يَحْزَنُون ٢٦٢

Diejenigen, die ihr Vermögen auf dem Weg Allahs spenden, dann dem, was sie gespendet haben, weder Vorhaltung noch Ungemach folgen lassen, denen wird ihr Lohn von ihrem Herrn zuteilwerden, und weder Angst wird über sie kommen noch werden sie traurig sein. **(2:262)**

قَوْلٌ مَّعْرُوفٌ وَمَغْفِرَةٌ خَيْرٌ مِّن صَدَقَةٍ يَتْبَعُهَآ أَذًى وَٱللَّهُ غَنِيٌّ حَلِيمٌ ٢٦٣

Gütige Rede und Verzeihung sind besser als ein Almosen, dem ein Übel folgt; und Allah ist Reich und Milde. **(2:263)**

يَٰٓأَيُّهَا ٱلَّذِينَ ءَامَنُوٓاْ أَنفِقُواْ مِن طَيِّبَٰتِ مَا كَسَبْتُمْ وَمِمَّآ أَخْرَجْنَا لَكُم مِّنَ ٱلْأَرْضِ وَلَا تَيَمَّمُواْ ٱلْخَبِيثَ مِنْهُ تُنفِقُونَ وَلَسْتُم بِـَٔاخِذِيهِ إِلَّآ أَن تُغْمِضُواْ فِيهِ وَٱعْلَمُوٓاْ أَنَّ ٱللَّهَ غَنِيٌّ حَمِيدٌ ٢٦٧

O ihr, die ihr glaubt, spendet von dem Guten, das ihr erwarbt, und von dem, was Wir für euch aus der Erde hervorkommen lassen, und sucht darunter zum Spenden nicht das Schlechte aus, das ihr selber nicht nähmt, ohne dabei die Augen zuzudrücken; und wisst, Allah ist Reich und Gepriesen. **(2:267)**

إِن تُبْدُواْ ٱلصَّدَقَٰتِ فَنِعِمَّا هِىَ وَإِن تُخْفُوهَا وَتُؤْتُوهَا ٱلْفُقَرَآءَ فَهُوَ خَيْرٌ لَّكُمْ وَيُكَفِّرُ عَنكُم مِّن سَيِّـَٔاتِكُمْ وَٱللَّهُ بِمَا تَعْمَلُونَ خَبِيرٌ ٢٧١

Wenn ihr Almosen offenkundig gebt, so ist es angenehm, und wenn ihr sie verbergt und sie den

Armen gebt, so ist es besser für euch und sühnt eure Missetaten. Und Allah ist eures Tuns kundig! **(2:271)**

لَّيْسَ عَلَيْكَ هُدَىٰهُمْ وَلَـٰكِنَّ ٱللَّهَ يَهْدِى مَن يَشَآءُ وَمَا تُنفِقُواْ مِنْ خَيْرٍ فَلِأَنفُسِكُمْ وَمَا تُنفِقُونَ إِلَّا ٱبْتِغَآءَ وَجْهِ ٱللَّهِ وَمَا تُنفِقُواْ مِنْ خَيْرٍ يُوَفَّ إِلَيْكُمْ وَأَنتُمْ لَا تُظْلَمُونَ ٢٧٢

Ihre Rechtleitung obliegt nicht dir, sondern Allah leitet recht, wen Er will. Was immer ihr an Gutem spendet, das ist für euch selbst, und ihr (*sollt*) nicht spenden, es sei denn aus Verlangen nach dem An-gesicht Allahs. Und was immer ihr an Gutem spendet, das soll euch voll zurückerstattet werden, und es soll euch kein Unrecht zugefügt werden. **(2:272)**

ٱلَّذِينَ يُنفِقُونَ أَمْوَٰلَهُم بِٱلَّيْلِ وَٱلنَّهَارِ سِرًّا وَعَلَانِيَةً فَلَهُمْ أَجْرُهُمْ عِندَ رَبِّهِمْ وَلَا خَوْفٌ عَلَيْهِمْ وَلَا هُمْ يَحْزَنُونَ ٢٧٤

Diejenigen, die ihr Vermögen bei Nacht und Tag, geheim oder offen, spenden - denen ist ihr Lohn von ihrem Herrn (*gewiss*), und sie brauchen keine Angst zu haben noch werden sie traurig sein. **(2:274)**

فَآتِ ذَا ٱلْقُرْبَىٰ حَقَّهُ وَٱلْمِسْكِينَ وَٱبْنَ ٱلسَّبِيلِ ذَٰلِكَ خَيْرٌ لِّلَّذِينَ

يُرِيدُونَ وَجْهَ ٱللَّهِ وَأُوْلَـٰئِكَ هُمُ ٱلْمُفْلِحُونَ ٣٨

So gib dem Verwandten, was ihm zusteht, wie auch dem Bedürftigen und dem Sohn des Weges. Das ist das Beste für die, die nach Allahs Antlitz verlangen, und sie sind die Erfolgreichen. **(30:38)**

وَأَنْفِقُواْ فِى سَبِيلِ ٱللَّهِ وَلاَ تُلْقُواْ بِأَيْدِيكُمْ إِلَى ٱلتَّهْلُكَةِ وَأَحْسِنُوٓاْ إِنَّ ٱللَّهَ يُحِبُّ ٱلْمُحْسِنِينَ ١٩٥

Und spendet auf dem Weg Allahs und stürzt euch nicht mit eigenen Händen ins Verderben und tut Gutes! Wahrlich, Allah liebt diejenigen, die Gutes tun. **(2:195)**

وَمَثَلُ ٱلَّذِينَ يُنْفِقُونَ أَمْوَالَهُمُ ٱبْتِغَآءَ مَرْضَاتِ ٱللَّهِ وَتَثْبِيتاً مِّنْ أَنْفُسِهِمْ كَمَثَلِ جَنَّةٍ بِرَبْوَةٍ أَصَابَهَا وَابِلٌ فَآتَتْ أُكُلَهَا ضِعْفَيْنِ فَإِن لَّمْ يُصِبْهَا وَابِلٌ فَطَلٌّ وَٱللَّهُ بِمَا تَعْمَلُونَ بَصِيرٌ ٢٦٥

Das Gleichnis jener aber, die ihr Gut ausgeben im Trachten nach Allahs Wohlgefallen und zur Stärkung ihrer Seele, ist das Gleichnis eines Gartens auf einem Hügel: es trifft ihn ein Platzregen, und da bringt er seine Früchte zweifach (*hervor*). Und wenn ihn kein Platzregen trifft, so doch Tau. Und Allah durchschaut euer Tun. **(2:265)**

وَإِن كَانَ ذُو عُسْرَةٍ فَنَظِرَةٌ إِلَىٰ مَيْسَرَةٍ وَأَن تَصَدَّقُوا۟ خَيْرٌ لَّكُمْ إِن كُنتُمْ تَعْلَمُونَ ٢٨٠

Wenn jemand in Schwierigkeiten ist, dann gewährt ihm Aufschub, bis eine Erleichterung (*eintritt*). Doch wenn ihr mildtätig seid, so ist es besser für euch, wenn ihr es nur wüsstet. **(2:280)**

لَن تَنَالُوا۟ ٱلْبِرَّ حَتَّىٰ تُنفِقُوا۟ مِمَّا تُحِبُّونَ وَمَا تُنفِقُوا۟ مِن شَىْءٍ فَإِنَّ ٱللَّهَ بِهِ عَلِيمٌ ٩٢

Ihr werdet das Gütigsein nicht erlangen, solange ihr nicht von dem spendet, was ihr liebt; und was immer ihr spendet, seht, Allah weiß es. **(3:92)**

لِيُنفِقْ ذُو سَعَةٍ مِّن سَعَتِهِ وَمَن قُدِرَ عَلَيْهِ رِزْقُهُ فَلْيُنفِقْ مِمَّآ آتَاهُ ٱللَّهُ لَا يُكَلِّفُ ٱللَّهُ نَفْسًا إِلَّا مَآ آتَاهَا سَيَجْعَلُ ٱللَّهُ بَعْدَ عُسْرٍ يُسْرا ٧

Jeder soll aus seiner Fülle ausgeben, wenn er die Fülle hat; und der, dessen Mittel beschränkt sind, soll gemäß dem ausgeben, was ihm Allah gegeben hat. Allah fordert von keiner Seele etwas über das hinaus, was Er ihr gegeben hat. Allah wird nach einer Bedrängnis Erleichterung schaffen. **(65:7)**

Christen und Juden

إِنَّ ٱلَّذِينَ آمَنُوا۟ وَٱلَّذِينَ هَادُوا۟ وَٱلنَّصَارَىٰ وَٱلصَّابِئِينَ مَنْ آمَنَ بِٱللَّهِ وَٱلْيَوْمِ ٱلْآخِرِ وَعَمِلَ صَالِحاً فَلَهُمْ أَجْرُهُمْ عِندَ رَبِّهِمْ وَلاَ خَوْفٌ عَلَيْهِمْ وَلاَ هُمْ يَحْزَنُونَ ٦٢

Wahrlich, diejenigen, die glauben, und die Juden, die Christen und die Sabäer, wer an Allah und den Jüngsten Tag glaubt und Gutes tut - diese haben ihren Lohn bei ihrem Herrn und sie werden weder Angst haben noch werden sie traurig sein. **(2:62)**

يَٰأَهْلَ ٱلْكِتَابِ لاَ تَغْلُوا۟ فِي دِينِكُمْ وَلاَ تَقُولُوا۟ عَلَى ٱللَّهِ إِلاَّ ٱلْحَقَّ

O Leute der Schrift, übertreibt nicht in eurem Glauben und sagt von Allah nichts als die Wahrheit. **(4:171)**

وَقَالَتِ ٱلْيَهُودُ وَٱلنَّصَارَىٰ نَحْنُ أَبْنَاءُ ٱللَّهِ وَأَحِبَّاؤُهُ قُلْ فَلِمَ يُعَذِّبُكُم بِذُنُوبِكُم بَلْ أَنتُم بَشَرٌ مِمَّنْ خَلَقَ يَغْفِرُ لِمَن يَشَآءُ وَيُعَذِّبُ مَن يَشَآءُ

Und es sagten die Juden und die Christen: "Wir sind die Söhne Allahs und Seine Lieblinge." Sprich: "Warum bestraft Er euch dann für eure Sünden?

Nein, ihr seid Menschen von denen, die Er erschuf.“
Er vergibt, wem Er will; und Er bestraft, wen Er will.
(5:18)

وَلاَ تُجَادِلُوٓاْ أَهْلَ ٱلْكِتَابِ إِلاَّ بِٱلَّتِى هِىَ أَحْسَنُ إِلاَّ ٱلَّذِينَ ظَلَمُواْ
مِنْهُمْ وَقُولُوٓاْ ءَامَنَّا بِٱلَّذِىٓ أُنزِلَ إِلَيْنَا وَأُنزِلَ إِلَيْكُمْ وَإِلَـٰهُنَا
وَإِلَـٰهُكُمْ وَاحِدٌ وَنَحْنُ لَهُ مُسْلِمُونَ ٤٦

Und streitet nicht mit dem Volk der Schrift; es sei
denn auf die beste Art und Weise. Ausgenommen
davon sind jene, die ungerecht sind. Und sprecht:
”Wir glauben an das, was zu uns herabgesandt
wurde und was zu euch herabgesandt wurde; und
unser Gott und euer Gott ist Einer; und Ihm sind wir
ergeben.“ **(29:46)**

Bekleidung

يَـٰبَنِىٓ ءَادَمَ قَدْ أَنزَلْنَا عَلَيْكُمْ لِبَاساً يُوَارِى سَوْءَاتِكُمْ وَرِيشاً
وَلِبَاسُ ٱلتَّقْوَىٰ ذَٰلِكَ خَيْرٌ ذَٰلِكَ مِنْ ءَايَاتِ ٱللَّهِ لَعَلَّهُمْ يَذَّكَّرُونَ ٢٦

O Kinder Adams, Wir gaben euch Kleidung, um
eure Scham zu bedecken und zum Schmuck; doch

das Kleid der Frömmigkeit – das ist das Beste. Dies ist eins der Zeichen Allahs, auf dass sie (*dessen*) eingedenk sein mögen. **(7:26)**

يَابَنِى آدَمَ خُذُواْ زِينَتَكُمْ عِندَكُلِّ مَسْجِدٍ وكُلُواْ وَٱشْرَبُواْ وَلاَ تُسْرِفُواْ إِنَّهُ لاَ يُحِبُّ ٱلْمُسْرِفِينَ ٣١ قُلْ مَنْ حَرَّمَ زِينَةَ ٱللَّهِ ٱلَّتِى أَخْرَجَ لِعِبَادِهِ وَٱلْطَّيِّبَاتِ مِنَ ٱلرِّزْقِ قُلْ هِىَ لِلَّذِينَ آمَنُواْ فِى ٱلْحَيَاةِ ٱلدُّنْيَا خَالِصَةً يَوْمَ ٱلْقِيَامَةِ كَذَلِكَ نُفَصِّلُ ٱلْآيَاتِ لِقَوْمٍ يَعْلَمُونَ٣٢

O Kinder Adams, habt eine gepflegte Erscheinung an jeder Gebetsstätte, und esst und trinkt, doch überschreitet (*dabei*) das Maß nicht; wahrlich, Er liebt nicht diejenigen, die nicht Maß halten. * Sprich: "Wer hat die schönen Dinge Allahs verboten, die Er für Seine Diener hervorgebracht hat und die guten Dinge der Versorgung?" Sprich: "Sie sind für die Gläubigen in diesem Leben (*und*) ausschließlich (*für sie*) am Tage der Auferstehung." So machen Wir die Zeichen klar für Leute, die Wissen haben. **(7:31-32)**

وَثِيَابَكَ فَطَهِّرْ ٤ وَٱلرُّجْزَ فَٱهْجُرْ ٥

und reinige deine Kleider   und meide den Götzendienst! **(74:4-5)**

Das Verborgene und das Offenkundige

وَٱللَّهُ يَعْلَمُ مَا تُسِرُّونَ وَمَا تُعْلِنُونَ ١٩

Und Allah weiß, was ihr verbergt und was ihr kundtut. **(16:19)**

يَعْلَمُ مَا فِى ٱلسَّمَاوَاتِ وَٱلْأَرْضِ وَيَعْلَمُ مَا تُسِرُّونَ وَمَا تُعْلِنُونَ
وَٱللَّهُ عَلِيمُ بِذَاتِ ٱلصُّدُورِ ؞

Er weiß, was in den Himmeln und auf Erden ist, und
Er weiß, was ihr geheim haltet und was ihr offen-
kundig tut; und Allah kennt alles, was in den
Herzen ist. **(64:4)**

Das Abwägen des rechten Maßes

وَلاَ تَأْكُلُوٓاْ أَمْوَالَكُم بَيْنَكُم بِٱلْبَاطِلِ وَتُدْلُواْ بِهَآ إِلَى ٱلْحُكَّامِ لِتَأْكُلُواْ فَرِيقاً مِّنْ أَمْوَالِ ٱلنَّاسِ بِٱلإِثْمِ وَأَنتُمْ تَعْلَمُونَ ١٨٨

Und verschlingt nicht euer Vermögen untereinander in ungerechter Weise und bietet es nicht den Behörden (*zur Bestechung*) an, um einen Teil vom Vermögen der Menschen in sündhafter Weise zu verschlingen, wo ihr doch wisst. **(2:188)**

قَدْ جَآءَتْكُم بَيِّنَةٌ مِّن رَّبِّكُمْ فَأَوْفُواْ ٱلْكَيْلَ وَٱلْمِيزَانَ وَلاَ تَبْخَسُواْ ٱلنَّاسَ أَشْيَاءَهُمْ وَلاَ تُفْسِدُواْ فِي ٱلأَرْضِ بَعْدَ إِصْلاَحِهَا ذَٰلِكُمْ خَيْرٌ لَّكُمْ إِن كُنتُم مُّؤْمِنِينَ ٨٥

Ein deutliches Zeichen ist nunmehr von eurem Herrn zu euch gekommen. Darum gebt volles Maß und Gewicht und schmälert den Menschen ihre Dinge nicht und stiftet nicht nach ihrer Ordnung Unheil auf Erden. Das ist besser für euch, wenn ihr gläubig seid. **(7:85)**

وَأَوْفُواْ ٱلْكَيْلَ إِذا كِلْتُمْ وَزِنُواْ بِٱلقِسْطَاسِ ٱلْمُسْتَقِيمِ ذَٰلِكَ خَيْرٌ وَأَحْسَنُ تَأْوِيلاً ٣٥

Und gebt volles Maß, wenn ihr messt, und wägt mit richtiger Waage; das ist durchaus vorteilhaft und letzten Endes das Beste. **(17:35)**

أَوْفُواْ ٱلْكَيْلَ وَلاَ تَكُونُواْ مِنَ ٱلْمُخْسِرِينَ ١٨١

Gebt volles Maß und gehört nicht zu denen, die weniger geben. **(26:181)**

وَيْلٌ لِّلْمُطَفِّفِينَ ١

Wehe denjenigen, die das Maß verkürzen! **(83:1)**

وَأَقِيمُواْ ٱلْوَزْنَ بِٱلْقِسْطِ وَلاَ تُخْسِرُواْ ٱلْمِيزَانَ ٩

So setzt das Gewicht in gerechter Weise und betrügt nicht beim Wiegen. **(55:9)**

Erschaffung des Menschen

وَإِذْ قَالَ رَبُّكَ لِلْمَلَائِكَةِ إِنِّي جَاعِلٌ فِى ٱلْأَرْضِ خَلِيفَةً قَالُواْ أَتَجْعَلُ فِيهَا مَن يُفْسِدُ فِيهَا وَيَسْفِكُ ٱلدِّمَآءَ وَنَحْنُ نُسَبِّحُ بِحَمْدِكَ وَنُقَدِّسُ لَكَ قَالَ إِنِّى أَعْلَمُ مَا لاَ تَعْلَمُونَ ٣٠

Und als dein Herr zu den Engeln sprach: „Wahrlich, Ich werde auf der Erde einen Nachfolger einsetzen," sagten sie: „Willst Du auf ihr jemanden einsetzen, der auf ihr Unheil anrichtet und Blut vergießt, wo wir doch Dein Lob preisen und Deine Herrlichkeit rühmen?" Er sagte: „Wahrlich, Ich weiß, was ihr nicht wisst."**(2:30)**

هُوَ ٱلَّذِى خَلَقَكُم مِّن طِينٍ ثُمَّ قَضَى أَجَلاً وَأَجَلٌ مُّسَمًّى عِندَهُ ثُمَّ أَنتُمْ تَمْتَرُونَ ٢

Er ist es, Der euch aus Lehm erschaffen hat, und dann bestimmte Er (*euch*) eine (*Lebens-*) Frist. Und eine weitere Frist ist Ihm bekannt. Ihr aber zweifelt noch! **(6:2)**

ٱلَّذِى أَحْسَنَ كُلَّ شَىْءٍ خَلَقَهُ وَبَدَأَ خَلْقَ ٱلْإِنْسَانِ مِن طِينٍ ٧

ثُمَّ جَعَلَ نَسْلَهُ مِن سُلَالَةٍ مِّن مَّآءٍ مَّهِينٍ ۸ ثُمَّ سَوَّاهُ وَنَفَخَ فِيهِ مِن رُّوحِهِ وَجَعَلَ لَكُمُ ٱلسَّمْعَ وَٱلْأَبْصَارَ وَٱلْأَفْئِدَةَ قَلِيلاً مَّا تَشْكُرُونَ ۹

Der alles gut gemacht hat, was Er erschuf. Und Er begann die Schöpfung des Menschen aus Ton. * Hierauf machte Er seine Nachkommenschaft aus einer unbedeutend erscheinenden Flüssigkeit. * Dann formte Er ihn und hauchte ihm von Seinem Geist ein. Und Er hat euch Gehör und Augenlicht und Herzen gegeben. Doch euer Dank ist recht gering. **(32:7-9)**

وَلَقَدْ خَلَقْنَا ٱلْإِنسَانَ وَنَعْلَمُ مَا تُوَسْوِسُ بِهِ نَفْسُهُ وَنَحْنُ أَقْرَبُ إِلَيْهِ مِنْ حَبْلِ ٱلْوَرِيدِ ۱٦

Und wahrlich, Wir erschufen den Menschen, und Wir wissen, was er in seinem Innern hegt; und Wir sind ihm näher als (*seine*) Halsschlagader. **(50:16)**

وَأَنَّهُ خَلَقَ ٱلزَّوْجَيْنِ ٱلذَّكَرَ وَٱلْأُنثَىٰ ۴٥

Und dass Er die Paare (*als*) männliche und weibliche (*Wesen*) erschaffen hat. **(53:45)**

مِنْ أَيِّ شَيْءٍ خَلَقَهُ ١٨ مِن نُّطْفَةٍ خَلَقَهُ فَقَدَّرَهُ ١٩ ثُمَّ ٱلسَّبِيلَ يَسَّرَهُ ٢٠ ثُمَّ أَمَاتَهُ فَأَقْبَرَهُ ٢١ ثُمَّ إِذَا شَآءَ أَنشَرَهُ ٢٢

Woraus hat Er ihn erschaffen? * Aus einem Samentropfen hat Er ihn erschaffen und gebildet. * Dann
hat Er ihm den Weg leicht gemacht. * Dann lässt Er
ihn sterben und lässt ihn ins Grab bringen. * Dann,
wenn Er will, erweckt Er ihn wieder. **(80:18-22)**

Die Wunder der Schöpfung

إِنَّ فِى خَلْقِ ٱلسَّمَاوَاتِ وَٱلْأَرْضِ وَٱخْتِلَافِ ٱللَّيْلِ وَٱلنَّهَارِ وَٱلْفُلْكِ ٱلَّتِى تَجْرِى فِى ٱلْبَحْرِ بِمَا يَنفَعُ ٱلنَّاسَ وَمَآ أَنزَلَ ٱللَّهُ مِنَ ٱلسَّمَآءِ مِن مَّآءٍ فَأَحْيَا بِهِ ٱلْأَرْضَ بَعْدَ مَوْتِهَا وَبَثَّ فِيهَا مِن كُلِّ دَآبَّةٍ وَتَصْرِيفِ ٱلرِّيَاحِ وَٱلسَّحَابِ ٱلْمُسَخَّرِ بَيْنَ ٱلسَّمَآءِ وَٱلْأَرْضِ لَآيَاتٍ لِّقَوْمٍ يَعْقِلُونَ ١٦٤

Wahrlich, im Erschaffen der Himmel und der Erde und im Wechsel von Nacht und Tag und in den Schiffen, die im Meer fahren mit dem, was den Menschen nützt, und in dem, was Allah vom Himmel an Wasser herniedersandte und Er gab der Erde damit Leben, nachdem sie tot war und ließ auf ihr allerlei Getier sich ausbreiten - und im Wechsel der Winde und den dienstbaren Wolken zwischen Himmel und Erde, *(in all dem)* sind Zeichen für Leute, die begreifen. **(2:164)**

إِنَّ ٱللَّهَ فَالِقُ ٱلْحَبِّ وَٱلنَّوَىٰ يُخْرِجُ ٱلْحَىَّ مِنَ ٱلْمَيِّتِ وَمُخْرِجُ ٱلْمَيِّتِ مِنَ ٱلْحَىِّ ذَٰلِكُمُ ٱللَّهُ فَأَنَّىٰ تُؤْفَكُونَ ٩٥

Wahrlich, Allah ist es, Der das Korn und die Kerne keimen lässt. Er bringt das Lebendige aus dem

Toten hervor, und Er bringt das Tote aus dem Lebendigen hervor. Das ist Allah; warum lasst ihr euch dann (*von Ihm*) abwenden? **(6:95)**

فَالِقُ ٱلْإِصْبَاحِ وَجَعَلَ ٱللَّيْلَ سَكَناً وَٱلشَّمْسَ وَٱلْقَمَرَ حُسْبَاناً ذٰلِكَ تَقْدِيرُ ٱلْعَزِيزِ ٱلْعَلِيمِ ٩٦

Er lässt den Tag anbrechen; und Er macht die Nacht zur Ruhe und Sonne und Mond zur Berechnung (*von Tag und Nacht*). Das ist die Anordnung des Allmächtigen, des Allwissenden. **(6:96)**

وَهُوَ ٱلَّذِى جَعَلَ لَكُمُ ٱلنُّجُومَ لِتَهْتَدُواْ بِهَا فِى ظُلُمَاتِ ٱلْبَرِّ وَٱلْبَحْرِ قَدْ فَصَّلْنَا ٱلْآيَاتِ لِقَوْمٍ يَعْلَمُونَ ٩٧

Und Er ist es, Der die Sterne für euch erschaffen hat, auf dass ihr durch sie den Weg in den Finsternissen zu Land und Meer finden mögt. Und so haben Wir bis ins einzelne die Zeichen für die Menschen, die Wissen haben, dargelegt. **(6:97)**

وَهُوَ ٱلَّذِى أَنشَأَكُم مِّن نَّفْسٍ وَاحِدَةٍ فَمُسْتَقَرٌّ وَمُسْتَوْدَعٌ قَدْ فَصَّلْنَا ٱلْآيَاتِ لِقَوْمٍ يَفْقَهُونَ ٩٨

Er ist es, Der euch aus einem einzigen Wesen hervorbrachte, alsdann für euch eine Bleibe (*im*

Mutterleib) und einen Aufbewahrungsort (*im Grab bestimmte*). Wir haben die Zeichen für Leute dargelegt, die es begreifen. **(6:98)**

وَهُوَ ٱلَّذِى أَنزَلَ مِنَ ٱلسَّمَآءِ مَآءً فَأَخْرَجْنَا بِهِ نَبَاتَ كُلِّ شَىْءٍ فَأَخْرَجْنَا مِنْهُ خَضِراً نُّخْرِجُ مِنْهُ حَبّاً مُّتَرَاكِباً وَمِنَ ٱلنَّخْلِ مِن طَلْعِهَا قِنْوَانٌ دَانِيَةٌ وَجَنَّاتٍ مِّنْ أَعْنَابٍ وَٱلزَّيْتُونَ وَٱلرُّمَّانَ مُشْتَبِهاً وَغَيْرَ مُتَشَابِهٍ ٱنْظُرُوٱ إِلَى ثَمَرِهِ إِذَآ أَثْمَرَ وَيَنْعِهِ إِنَّ فِى ذٰلِكُمْ لَآيَاتٍ لِّقَوْمٍ يُؤْمِنُونَ ٩٩

Und Er ist es, Der aus dem Himmel Wasser niedersendet; damit bringen Wir alle Arten von Pflanzen hervor; mit diesen bringen Wir dann Grünes hervor, woraus Wir Korn in Reihen sprießen lassen; und aus der Dattelpalme, aus ihren Blütendolden, (*sprießen*) niederhängende Datteltrauben, und Gärten mit Beeren, und Oliven- und Granatapfel- (*bäume*) – einander ähnlich und nicht ähnlich. Betrachtet ihre Frucht, wenn sie Früchte tragen, und ihr Reifen. Wahrlich, hierin sind Zeichen für Leute, die glauben. **(6:99)**

إِنَّ رَبَّكُمُ ٱللَّهُ ٱلَّذِى خَلَقَ ٱلسَّمَاوَاتِ وَٱلأَرْضَ فِى سِتَّةِ أَيَّامٍ ثُمَّ ٱسْتَوَىٰ عَلَى ٱلْعَرْشِ يُغْشِى ٱللَّيْلَ ٱلنَّهَارَ يَطْلُبُهُ حَثِيثاً وَٱلشَّمْسَ وَٱلْقَمَرَ وَٱلنُّجُومَ مُسَخَّرَاتٍ بِأَمْرِهِ أَلاَ لَهُ ٱلْخَلْقُ وَٱلأَمْرُ تَبَارَكَ

ٱللَّهُ رَبُّ ٱلْعَالَمِينَ ٥٤

Seht, euer Herr ist Allah, Der die Himmel und die Erde in sechs Tagen erschuf, (*und*) Sich alsdann (*Seinem*) Reich hoheitsvoll zuwandte: Er lässt die Nacht den Tag verhüllen, der ihr eilends folgt. Und (*Er erschuf*) die Sonne und den Mond und die Sterne, Seinem Befehl dienstbar. Wahrlich, Sein ist die Schöpfung und der Befehl! Segensreich ist Allah, der Herr der Welten. **(7:54)**

وَلَوْ أَنَّمَا فِي ٱلْأَرْضِ مِن شَجَرَةٍ أَقْلَامٌ وَٱلْبَحْرُ يَمُدُّهُ مِن بَعْدِهِ سَبْعَةُ أَبْحُرٍ مَّا نَفِدَتْ كَلِمَاتُ ٱللَّهِ إِنَّ ٱللَّهَ عَزِيزٌ حَكِيمٌ ٢٧

Und wenn alle Bäume, die auf der Erde sind, Schreibrohre wären und das Meer (*Tinte*) und sieben Meere, würden sie mit Nachschub versorgen, selbst dann könnten Allahs Worte nicht erschöpft werden. Wahrlich Allah ist Allmächtig, Allweise. **(31:27)**

لَخَلْقُ ٱلسَّمَاوَاتِ وَٱلْأَرْضِ أَكْبَرُ مِنْ خَلْقِ ٱلنَّاسِ وَلَـٰكِنَّ أَكْـثَرَ ٱلنَّاسِ لَا يَعْلَمُونَ ٥٧

Wahrlich, die Schöpfung der Himmel und der Erde ist größer als die Schöpfung der Menschen; allein die meisten Menschen wissen es nicht. **(40:57)**

اللَّهُ ٱلَّذِى خَلَقَ سَبْعَ سَمَاوَاتٍ وَمِنَ ٱلْأَرْضِ مِثْلَهُنَّ يَتَنَزَّلُ ٱلْأَمْرُ بَيْنَهُنَّ لِتَعْلَمُوٓاْ أَنَّ ٱللَّهَ عَلَىٰ كُلِّ شَىْءٍ قَدِيرٌ وَأَنَّ ٱللَّهَ قَدْ أَحَاطَ بِكُلِّ شَىْءٍ عِلْمَا ١٢

Allah ist es, Der sieben Himmel erschuf und von der Erde die gleiche Anzahl. Der Befehl steigt zwischen ihnen herab, auf dass ihr erfahren mögt, dass Allah über alle Dinge Macht hat und dass Allahs Wissen alle Dinge umfasst. **(65:12)**

أَمَّن جَعَلَ الْأَرْضَ قَرَاراً وَجَعَلَ خِلَالَهَا أَنْهَاراً وَجَعَلَ لَهَا رَوَاسِىَ وَجَعَلَ بَيْنَ الْبَحْرَيْنِ حَاجِزاً أَإِلَهٌ مَّعَ اللَّهِ بَلْ أَكْثَرُهُمْ لَا يَعْلَمُونَ ٦١

Wer hat denn die Erde zu einer Ruhestatt gemacht und Flüsse durch ihre Mitte geführt und feste Berge auf ihr gegründet und eine Schranke zwischen die beiden Meere gesetzt? Existiert wohl ein Gott neben Allah? Nein, die Meisten von ihnen wissen es nicht. **(27:61)**

أَوَلَمْ يَرَوْا كَيْفَ يُبْدِئُ اللَّهُ الْخَلْقَ ثُمَّ يُعِيدُهُ إِنَّ ذَلِكَ عَلَى اللَّهِ يَسِيرٌ ١٩

Sehen sie denn nicht, wie Allah die Schöpfung hervorbringt und sie dann wiederholt? Das ist wahrlich ein leichtes für Allah. **(29:19)**

إِنَّمَآ أَمْرُهُ إِذَآ أَرَادَ شَيْئاً أَن يَقُولَ لَهُ كُن فَيَكُونُ ٨٢

Wenn Er ein Ding will, lautet Sein Befehl nur: "Sei!" – und es ist. **(36:82)**

ٱلَّذِى خَلَقَ ٱلْمَوْتَ وَٱلْحَيَاةَ لِيَبْلُوَكُمْ أَيُّكُمْ أَحْسَنُ عَمَلاً وَهُوَ ٱلْعَزِيزُ ٱلْغَفُورُ ٱلَّذِى خَلَقَ سَبْعَ سَمَاوَاتٍ طِبَاقاً مَّا تَرَىٰ فِى خَلْقِ ٱلرَّحْمَـٰنِ مِن تَفَاوُتٍ فَٱرْجِعِ ٱلْبَصَرَ هَلْ تَرَىٰ مِن فُطُورٍ ثُمَّ ارجِعِ البَصَرَ كَرَّتَيْنِ يَنْقَلِبْ إِلَيْكَ البَصَرُ خَاسِئاً وَهُوَ حَسِيرٌ ؛

(*Er*) Der den Tod erschaffen hat und das Leben, auf dass Er euch prüfe, wer von euch die besseren Taten verrichte; und Er ist der Erhabene, der Allvergebende, * Der die sieben Himmel in Schichten erschaffen hat. Keinen Fehler kannst du in der Schöpfung des Allerbarmers sehen. So wende den Blick (*zu ihnen*) zurück: erblickst du irgendeinen Mangel? * Dann wende den Blick abermals zum zweiten Mal zurück: so wird dein Blick nur ermüdet und geschwächt zu dir zurückkehren. **(67:2-4)**

اللَّهُ ٱلَّذِى رَفَعَ ٱلسَّمَاوَاتِ بِغَيْرِ عَمَدٍ تَرَوْنَهَا ثُمَّ ٱسْتَوَىٰ عَلَى ٱلْعَرْشِ وَسَخَّرَ ٱلشَّمْسَ وَٱلْقَمَرَ كُلٌّ يَجْرِى لِأَجَلٍ مُّسَمًّى يُدَبِّرُ ٱلْأَمْرَ يُفَصِّلُ ٱلْآيَاتِ لَعَلَّكُم بِلِقَآءِ رَبِّكُمْ تُوقِنُونَ ٠

Allah ist es, Der die Himmel, die ihr sehen könnt, ohne Stützpfeiler emporgehoben hat. Dann herrschte Er über Sein Reich. Und Er machte die Sonne und den Mond dienstbar; jedes (*Gestirn*) läuft seine Bahn in einer vorgezeichneten Frist. Er bestimmt alle Dinge. Er macht die Zeichen deutlich, auf dass ihr an die Begegnung mit eurem Herrn fest glauben mögt. **(13:2)**

Der Jüngste Tag

وَيَوْمَ نُسَيِّرُ ٱلْجِبَالَ وَتَرَى ٱلْأَرْضَ بَارِزَةً وَحَشَرْنَاهُمْ فَلَمْ نُغَادِرْ

مِنْهُمْ أَحَدا ٤٧ وَعُرِضُواْ عَلَىٰ رَبِّكَ صَفّاً لَّقَدْ جِئْتُمُونَا كَمَا

خَلَقْنَاكُمْ أَوَّلَ مَرَّةٍ بَلْ زَعَمْتُمْ أَن لَّن نَّجْعَلَ لَكُمْ مَّوْعِدا ٤٨

Und am Tage, da Wir die Berge vergehen lassen
werden, wirst du die Erde kahl sehen, und Wir
werden sie[10] versammeln und werden keinen von
ihnen zurücklassen. * Und sie werden in Reihen vor
deinen Herrn geführt: "Nun seid ihr zu Uns
gekommen, so wie Wir euch erstmals erschufen. Ihr
aber dachtet, Wir würden euch nie einen Termin der
Erfüllung setzen." **(18:47-48)**

وَنُفِخَ فِي ٱلصُّورِ فَإِذَا هُم مِّنَ ٱلْأَجْدَاثِ إِلَىٰ رَبِّهِمْ يَنسِلُونَ ٥١

قَالُواْ يَٰوَيْلَنَا مَن بَعَثَنَا مِن مَّرْقَدِنَا هَٰذَا مَا وَعَدَ ٱلرَّحْمَـٰنُ وَصَدَقَ

ٱلْمُرْسَلُونَ ٥٢ إِن كَانَتْ إِلاَّ صَيْحَةً وَاحِدَةً فَإِذَا هُمْ جَمِيعٌ لَّدَيْنَا

مُحْضَرُونَ ٥٣ فَٱلْيَوْمَ لاَ تُظْلَمُ نَفْسٌ شَيْئاً وَلاَ تُجْزَوْنَ إِلاَّ مَا

كُنتُمْ تَعْمَلُونَ ٥٤

---

[10] Nämlich: Die Völker der Erde.

Und in den Sur wird gestoßen, und siehe, sie eilen aus ihren Gräbern zu ihrem Herrn hervor. * Sie werden sagen: „O wehe uns! Wer hat uns von unserer Liegestelle erweckt? Das ist es, was der Allerbarmer (uns) verheißen hatte, und die Gesandten sagten doch die Wahrheit." * Es wird nur ein einziger Schrei sein, und siehe, sie werden alle vor Uns gebracht werden. * Nun, heute wird keine Seele im Geringsten ein Unrecht erleiden; und ihr sollt nur für das entlohnt werden, was ihr zu tun pflegtet. (36:51-54)

فَكَيْفَ تَتَّقُونَ إِن كَفَرْتُمْ يَوْماً يَجْعَلُ ٱلْوِلْدَانَ شِيبا ۱۷ السَّمَآءُ مُنفَطِرٌ بِهِ كَانَ وَعْدُهُ مَفْعُولاً ۱۸

Wie wollt ihr euch, wenn ihr ungläubig seid, wohl vor einem Tag schützen, der Kinder zu Greisen macht? * Der Himmel wird sich an ihm spalten! Seine Verheißung muss in Erfüllung gehen. (73:17-18)

فَإِذَا جَآءَتِ ٱلصَّآخَّةُ ۳۳ يَوْمَ يَفِرُّ ٱلْمَرْءُ مِنْ أَخِيهِ ۳٤ وَأُمِّهِ وَأَبِيهِ ۳٥ وَصَاحِبَتِهِ وَبَنِيهِ ۳٦ لِكُلِّ ٱمْرِىءٍ مِّنْهُمْ يَوْمَئِذٍ شَأْنٌ يُغْنِيهِ ۳۷ وُجُوهٌ يَوْمَئِذٍ مُّسْفِرَةٌ ۳۸ ضَاحِكَةٌ مُّسْتَبْشِرَةٌ ۳۹ وَوُجُوهٌ يَوْمَئِذٍ عَلَيْهَا غَبَرَةٌ ٤٠ تَرْهَقُهَا قَتَرَةٌ ٤۱ أُوْلَـٰئِكَ هُمُ

ٱلْكَفَرَةُ ٱلْفَجَرَةُ ﴾ ٤٢ ﴿

Doch wenn das betäubende Getöse kommt * am Tage, da der Mensch seinen Bruder fluchtartig verlässt * sowie seine Mutter und seinen Vater * und seine Frau und seine Söhne *, an jenem Tage wird jeder eigene Sorgen genug haben, die ihn beschäftigen. * An jenem Tage werden manche Gesichter strahlend sein *, heiter und freudig. * Und andere Gesichter, an jenem Tage, werden staub- bedeckt sein. * Trübung wird darauf liegen. * Das sind die Ungläubigen, die Unverschämten. **(80:33-42)**

إِذَا ٱلشَّمْسُ كُوِّرَتْ ١ وَإِذَا ٱلنُّجُومُ ٱنكَدَرَتْ ٢ وَإِذَا ٱلْجِبَالُ سُيِّرَتْ ٣ وَإِذَا ٱلْعِشَارُ عُطِّلَتْ ٤ وَإِذَا ٱلْوُحُوشُ حُشِرَتْ ٥ وَإِذَا ٱلْبِحَارُ سُجِّرَتْ ٦ وَإِذَا ٱلنُّفُوسُ زُوِّجَتْ ٧ وَإِذَا ٱلْمَوْءُۥدَةُ سُئِلَتْ ٨ بِأَيِّ ذَنبٍ قُتِلَتْ ٩ وَإِذَا ٱلصُّحُفُ نُشِرَتْ ١٠ وَإِذَا ٱلسَّمَآءُ كُشِطَتْ ١١ وَإِذَا ٱلْجَحِيمُ سُعِّرَتْ ١٢ وَإِذَا ٱلْجَنَّةُ أُزْلِفَتْ ١٣ عَلِمَتْ نَفْسٌ مَّآ أَحْضَرَتْ ١٤

Wenn die Sonne eingerollt ist *, und wenn die Sterne trübe sind *, und wenn die Berge fortbewegt werden *, und wenn die trächtigen Kamelstuten vernachlässigt werden *, und wenn wildes Getier versammelt wird *, und wenn die Meere zu einem Flammenmeer werden *, und wenn die Seelen (*mit ihren Leibern*) gepaart werden *, und wenn das lebendig begrabene Mädchen gefragt wird *: "Für welch ein Verbrechen wurdest du getötet?" * Und wenn Schriften weithin aufgerollt werden *, und wenn der Himmel weggezogen wird *, und wenn die Al-Jahim angefacht wird *, und wenn das Paradies nahe gerückt wird *; dann wird jede Seele wissen, was sie mitgebracht hat. (81:1-14)

Verleugnung Allahs Hilfe

فَإِذَا مَسَّ ٱلْإِنسَانَ ضُرٌّ دَعَانَا ثُمَّ إِذَا خَوَّلْنَاهُ نِعْمَةً مِّنَّا قَالَ إِنَّمَآ أُوتِيتُهُ عَلَىٰ عِلْمٍ بَلْ هِىَ فِتْنَةٌ وَلَـٰكِنَّ أَكْثَرَهُمْ لَا يَعْلَمُونَ ٤٩

Wenn nun den Menschen ein Schaden trifft, so ruft er Uns an. Dann aber, wenn Wir ihm Unsere Gnade zuteilwerden lassen, sagt er: "Dies wurde mir nur auf Grund (*meines*) Wissens gegeben." Nein, es ist bloß eine Prüfung; jedoch die Meisten von ihnen wissen es nicht. (39:49)

Verzweiflung

وَلاَ تَيْأَسُواْ مِن رَّوْحِ ٱللَّهِ ۖ إِنَّهُ لاَ يَيْأَسُ مِن رَّوْحِ ٱللَّهِ إِلاَّ ٱلْقَوْمُ ٱلْكَافِرُونَ ٨٧

Und zweifelt nicht an Allahs Erbarmen; denn an Allahs Erbarmen zweifelt nur das ungläubige Volk." **(12:87)**

Der Satan

وَقَالَ ٱلشَّيْطَانُ لَمَّا قُضِىَ ٱلْأَمْرُ إِنَّ ٱللَّهَ وَعَدَكُمْ وَعْدَ ٱلْحَقِّ

وَوَعَدتُّكُمْ فَأَخْلَفْتُكُمْ وَمَا كَانَ لِىَ عَلَيْكُم مِّن سُلْطَانٍ إِلَّا

أَن دَعَوْتُكُمْ فَٱسْتَجَبْتُمْ لِى فَلَا تَلُومُونِى وَلُومُوٓا۟ أَنفُسَكُم

Und wenn die Sache entschieden worden ist, dann wird Satan sagen: "Allah hat euch ein wahres Versprechen gegeben, ich aber versprach euch etwas und hielt es nicht. Und ich hatte keine Macht über euch, außer euch zu rufen; und ihr gehorchtet mir. So tadelt nicht mich, sondern tadelt euch selber. **(14:22)**

فَإِذَا قَرَأْتَ ٱلْقُرْآنَ فَٱسْتَعِذْ بِٱللَّهِ مِنَ ٱلشَّيْطَانِ ٱلرَّجِيمِ ٩٨

Und wenn du den Qur'an liest, so suche bei Allah Zuflucht vor Satan, dem Verfluchten. **(16:98)**

وَقُل لِّعِبَادِى يَقُولُوا۟ ٱلَّتِى هِىَ أَحْسَنُ إِنَّ ٱلشَّيْطَانَ يَنزَغُ بَيْنَهُمْ

إِنَّ ٱلشَّيْطَانَ كَانَ لِلْإِنسَانِ عَدُوًّا مُّبِينًا ٥٣

Und sprich zu meinen Dienern, sie möchten nur das Beste reden! Denn Satan stiftet zwischen ihnen

Zwietracht. Wahrlich, Satan ist dem Menschen ein offenkundiger Feind. **(17:53)**

وَقُل رَّبِّ أَعُوذُ بِكَ مِنْ هَمَزَاتِ ٱلشَّيَاطِينِ ۹۷

Und sprich: "Mein Herr, ich nehme meine Zuflucht zu Dir vor den Einflüsterungen der Satane. **(23:97)**

هَلْ أُنَبِّئُكُمْ عَلَىٰ مَن تَنَزَّلُ ٱلشَّيَاطِينُ ۲۲۱ تَنَزَّلُ عَلَىٰ كُلِّ أَفَّاكٍ أَثِيمٍ ۲۲۲ يُلْقُونَ ٱلسَّمْعَ وَأَكْثَرُهُمْ كَاذِبُونَ ۲۲۳

"Soll ich euch verkünden, auf wen die Satane herniederfahren? * Sie fahren auf jeden gewohnheitsmäßigen Lügner und Sünder hernieder *; sie horchen, und die Meisten von ihnen sind Lügner." **(26:221-223)**

وَإِمَّا يَنزَغَنَّكَ مِنَ ٱلشَّيْطَانِ نَزْغٌ فَٱسْتَعِذْ بِٱللَّهِ إِنَّهُ هُوَ ٱلسَّمِيعُ ٱلْعَلِيمُ ۳٦

Und wenn du von Seiten des Satans zu einer Untat aufgestachelt wirst, dann nimm deine Zuflucht zu Allah! Wahrlich, Er ist der Allhörende, der Allwissende! **(41:36)**

Die Bestrafung im Jenseits

وَسِيقَ ٱلَّذِينَ كَفَرُوٓاْ إِلَىٰ جَهَنَّمَ زُمَراً حَتَّىٰٓ إِذَا جَآءُوهَا فُتِحَتْ أَبْوَابُهَا وَقَالَ لَهُمْ خَزَنَتُهَآ أَلَمْ يَأْتِكُمْ رُسُلٌ مِّنكُمْ يَتْلُونَ عَلَيْكُمْ آيَاتِ رَبِّكُمْ وَيُنذِرُونَكُمْ لِقَآءَ يَوْمِكُمْ هَٰذَا قَالُواْ بَلَىٰ وَلَٰكِنْ حَقَّتْ كَلِمَةُ ٱلْعَذَابِ عَلَى ٱلْكَافِرِينَ ٧١ قِيلَ ٱدْخُلُواْ أَبْوَابَ جَهَنَّمَ خَالِدِينَ فِيهَا فَبِئْسَ مَثْوَى ٱلْمُتَكَبِّرِينَ ٧٢

Und die Ungläubigen werden in Scharen zu Jahannam geführt werden, bis dass, wenn sie sie erreichen, sich ihre Pforten öffnen und ihre Wächter zu ihnen sprechen: "Sind nicht Gesandte aus eurer Mitte zu euch gekommen, um euch die Verse eures Herrn zu verlesen und euch vor dem Eintreffen dieses euren Tages zu warnen?" Sie werden sagen: "Ja!" Doch das Strafurteil ist in Gerechtigkeit gegen die Ungläubigen fällig geworden. * Es wird gesprochen werden: "Geht denn ein durch die Pforten der Jahannam und bleibt darin auf ewig! Und übel ist die Wohnstatt der Hochmütigen." **(39:71-72)**

إِنَّ ٱلْمُجْرِمِينَ فِي عَذَابِ جَهَنَّمَ خَالِدُونَ ٧٤ لاَ يُفَتَّرُ عَنْهُمْ وَهُمْ فِيهِ مُبْلِسُونَ ٧٥ وَمَا ظَلَمْنَاهُمْ وَلَٰكِن كَانُوٓاْ هُمُ ٱلظَّالِمِينَ ٧٦

Wahrlich, die Sünder werden ewig in der Strafe der Jahannam verharren *; sie wird für sie nicht gemildert werden, und sie werden in ihr von Verzweiflung erfasst werden. * Nicht Wir taten ihnen Unrecht, sondern sie selbst taten (*sich*) Unrecht. **(43:74-76)**

وَأَصْحَابُ ٱلشِّمَالِ مَآ أَصْحَابُ ٱلشِّمَالِ ١١ فِي سَمُومٍ وَحَمِيمٍ ٤٢

وَظِلٍّ مِّن يَحْمُومٍ٣٤ لاَّ بَارِدٍ وَلاَ كَرِيمٍ٤٤ إِنَّهُمْ كَانُواْ قَبْلَ ذَٰلِكَ

مُتْرَفِينَ٥٤ وَكَانُواْ يُصِرُّونَ عَلَى ٱلْحِنثِ ٱلْعَظِيمِ٦٤

Und die zur Linken - was (*wisst ihr*) von denen, die zur Linken sein werden? * (*Sie werden*) inmitten von glühenden Winden und siedendem Wasser (*sein*) * und im Schatten schwarzen Rauches *, der weder kühl noch erfrischend ist. * Vor diesem (*Schicksal*) wurden sie in der Tat mit Wohlleben verwöhnt *; und (*sie*) verharrten in großer Sünde. **(56:41-46)**

وَلِلَّذِينَ كَفَرُواْ بِرَبِّهِمْ عَذَابُ جَهَنَّمَ وَبِئْسَ ٱلْمَصِيرُ٦ إِذَآ

أُلْقُواْ فِيهَا سَمِعُواْ لَهَا شَهِيقاً وَهِيَ تَفُورُ٧ تَكَادُ تَمَيَّزُ مِنَ

ٱلْغَيْظِ كُلَّمَا أُلْقِيَ فِيهَا فَوْجٌ سَأَلَهُمْ خَزَنَتُهَآ أَلَمْ يَأْتِكُمْ نَذِيرٌ٨

Und für jene, die nicht an ihren Herrn glauben, ist die Strafe der Jahannam, und eine üble Bestimmung ist das! * Wenn sie hineingeworfen werden, dann werden sie sie aufheulen hören, während sie in Wallung gerät. * Fast möchte sie bersten vor Wut. Sooft eine Schar hineingeworfen wird, werden ihre Wächter sie fragen: "Ist denn kein Warner zu euch gekommen?" **(67:6-8)**

فَأَمَّا مَن طَغَىٰ ٣٧ وَآثَرَ ٱلْحَيَاةَ ٱلدُّنْيَا ٣٨ فَإِنَّ ٱلْجَحِيمَ هِىَ ٱلْمَأْوَىٰ ٣٩

Was aber denjenigen angeht, der aufsässig war * und das irdische Leben vorzog *, so wird wahrlich die Al-Jahim (*seine*) Herberge sein. **(79:37-39)**

وَأَمَّا مَنْ أُوتِىَ كِتَابَهُ بِشِمَالِهِ فَيَقُولُ يَلَيْتَنِى لَمْ أُوتَ كِتَابِيَه ٢٥ وَلَمْ أَدْرِ مَا حِسَابِيَه ٢٦ يَلَيْتَهَا كَانَتِ ٱلْقَاضِيَةَ ٢٧ مَآ أَغْنَىٰ عَنِّى مَالِيَه ٢٨ هَلَكَ عَنِّى سُلْطَانِيَه ٢٩ خُذُوهُ فَغُلُّوهُ ٣٠ ثُمَّ ٱلْجَحِيمَ صَلُّوهُ ٣١ ثُمَّ فِى سِلْسِلَةٍ ذَرْعُهَا سَبْعُونَ ذِرَاعاً فَٱسْلُكُوهُ ٣٢ إِنَّهُ كَانَ لاَ يُؤْمِنُ بِٱللَّهِ ٱلْعَظِيمِ ٣٣ وَلاَ يَحُضُّ عَلَىٰ طَعَامِ ٱلْمِسْكِينِ ٣٤ فَلَيْسَ لَهُ ٱلْيَوْمَ هَا هُنَا حَمِيمٌ ٣٥ وَلاَ طَعَامٌ إِلاَّ مِنْ غِسْلِينٍ ٣٦ لاَّ يَأْكُلُهُ إِلاَّ ٱلْخَاطِئُونَ ٣٧

Was aber den anbelangt, dem sein Buch in die Linke gegeben wird, so wird er sagen: "O wäre mir mein Buch doch nicht gegeben worden! * Und hätte ich doch nie erfahren, was meine Rechenschaft ist! * O hätte doch der Tod (*mit mir*) ein Ende gemacht! * Mein Vermögen hat mir nichts genützt. * Meine Macht ist von mir gegangen." * "Ergreift ihn und fesselt ihn *, dann lasst ihn hierauf in der Al-Jahim brennen. * Dann legt ihn in eine Kette, deren Länge siebzig Ellen misst *; denn er glaubte ja nicht an Allah, den Allmächtigen *, und forderte nicht zur Speisung der Armen auf. * Hier hat er nun heute keinen Freund * und keine Nahrung außer Eiter *, den nur die Sünder essen." (69:25-37)

إِنَّ جَهَنَّمَ كَانَتْ مِرْصَادًا۞ لِّلطَّاغِينَ مَآبا ۞ لَّابِثِينَ فِيهَآ أَحْقَابا ۞ لاَّ يَذُوقُونَ فِيهَا بَرْداً وَلاَ شَرَابا ۞ إِلاَّ حَمِيماً وَغَسَّاقا ۞ جَزَآءً وِفَاقا ۞ إِنَّهُمْ كَانُواْ لاَ يَرْجُونَ حِسَابا ۞ وَكَذَّبُواْ بِآيَاتِنَا كِذَّابا ۞

Wahrlich, Jahannam ist ein Hinterhalt – eine Heimstätte für die Widerspenstigen *, die dort Epochen über Epochen verweilen werden *; sie werden dort weder Kühle noch Trank kosten *, außer siedendem Wasser und Eiter. * (*Dies ist*) ein Lohn in angemessener Weise *, (*weil*) sie mit keiner Rechenschaft gerechnet haben * und gänzlich Unsere Zeichen verleugneten. (78:21-28)

وَيْلٌ يَوْمَئِذٍ لِّلْمُكَذِّبِينَ ١٠ ٱلَّذِينَ يُكَذِّبُونَ بِيَوْمِ ٱلدِّينِ ١١ وَمَا يُكَذِّبُ بِهِ إِلَّا كُلُّ مُعْتَدٍ أَثِيمٍ ١٢ إِذَا تُتْلَىٰ عَلَيْهِ آيَاتُنَا قَالَ أَسَاطِيرُ ٱلْأَوَّلِينَ ١٣ إِذَا تُتْلَىٰ عَلَيْهِ آيَاتُنَا قَالَ أَسَاطِيرُ ٱلْأَوَّلِينَ ١٣ كَلَّا بَلْ رَانَ عَلَىٰ قُلُوبِهِم مَّا كَانُوا۟ يَكْسِبُونَ ١٤ كَلَّا إِنَّهُمْ عَن رَّبِّهِمْ يَوْمَئِذٍ لَّمَحْجُوبُونَ ١٥ ثُمَّ إِنَّهُمْ لَصَالُو ٱلْجَحِيمِ ١٦ ثُمَّ يُقَالُ هَٰذَا ٱلَّذِى كُنتُم بِهِ تُكَذِّبُونَ ١٧

Wehe an jenem Tage den Leugnern *, die den Tag des Gerichts leugnen! * Und es leugnet ihn keiner als ein jeder sündhafter Übertreter *, der, wenn ihm Unsere Verse verlesen werden, sagt: "Fabeln der Früheren!" * Nein, jedoch das, was sie zu tun pflegten, hat auf ihre Herzen Schmutz gelegt. * Nein, sie werden an jenem Tage gewiss keinen Zugang zu ihrem Herrn haben. * Dann werden sie wahrlich in der Al-Jahim brennen. * Und es wird gesprochen werden: "Dies ist es, was ihr zu leugnen pflegtet!" **(83:10-17)**

مَا ٱلْقَارِعَةُ ١ وَمَآ أَدْرَاكَ مَا ٱلْقَارِعَةُ ٢ يَوْمَ يَكُونُ ٱلنَّاسُ كَٱلْفَرَاشِ ٱلْمَبْثُوثِ ٤ وَتَكُونُ ٱلْجِبَالُ كَٱلْعِهْنِ ٱلْمَنفُوشِ ٥ فَأَمَّا مَن ثَقُلَتْ مَوَازِينُهُ ٦ فَهُوَ فِي عِيشَةٍ رَّاضِيَةٍ ٧ وَأَمَّا مَنْ

خَفَّتْ مَوَازِينُه ٨ فَأُمُّهُ هَاوِيَة ٩ وَمَآ أَدْرَاكَ مَا هِيَه ١٠ نَارٌ

حَامِيَة ١١

Al-Qari'a! * Was ist Al-Qari'a? * Und was lässt dich
wissen, was Al-Qari'a ist? * An einem Tage, da die
Menschen gleich verstreuten Motten sein werden *,
und die Berge gleich bunter, zerflockter Wolle *,
dann wird der, dessen Waage schwer ist *, ein Wohlleben genießen *; dem aber, dessen Waage leicht ist
*, wird Al-Hawiya seine Mutter sein. * Und was
lehrt dich wissen, was sie [11] ist? * (*Sie ist*) ein
glühendes Feuer. **(101:2-11)**

إِنَّ ٱلَّذِينَ كَفَرُوا۟ بِآيَاتِنَا سَوْفَ نُصْلِيهِمْ نَاراً كُلَّمَا نَضِجَتْ

جُلُودُهُمْ بَدَّلْنَاهُمْ جُلُوداً غَيْرَهَا لِيَذُوقُوا۟ ٱلْعَذَابَ إِنَّ ٱللَّهَ كَانَ

عَزِيزاً حَكِيما ٥٦

Diejenigen, die nicht an Unsere Zeichen glauben, die
werden Wir im Feuer brennen lassen: Sooft ihre
Haut verbrannt ist, geben Wir ihnen eine andere
Haut, damit sie die Strafe kosten. Wahrlich, Allah ist
Allmächtig, Allweise. **(4:56)**

مِّن وَرَآئِهِ جَهَنَّمُ وَيُسْقَىٰ مِن مَّآءٍ صَدِيدٍ ١٦ يَتَجَرَّعُهُ وَلاَ

---

[11] Nämlich: Al-Hawiya.

يَكَادُ يُسِيغُهُ وَيَأْتِيهِ ٱلْمَوْتُ مِن كُلِّ مَكَانٍ وَمَا هُوَ بِمَيِّتٍ وَمِن وَرَآئِهِ عَذَابٌ غَلِيظٌ ١٧

Und hinter ihm rückt Jahannam her, und er wird von Eiter getränkt werden *; er wird ihn hinunterschlucken und kaum daran Genuss finden. Und der Tod wird von allen Seiten zu ihm kommen, doch er wird nicht sterben. Und vor ihm liegt noch eine strenge Strafe. **(14:16-17)**

يَوْمَ تُبَدَّلُ ٱلْأَرْضُ غَيْرَ ٱلْأَرْضِ وَٱلسَّمَاوَاتُ وَبَرَزُواْ لِلَّهِ ٱلْوَاحِدِ ٱلْقَهَّارِ ٤٨ وَتَرَى ٱلْمُجْرِمِينَ يَوْمَئِذٍ مُّقَرَّنِينَ فِى ٱلْأَصْفَادِ ٤٩ سَرَابِيلُهُم مِّن قَطِرَانٍ وَتَغْشَىٰ وُجُوهَهُمُ ٱلنَّارُ ٥٠

An dem Tage, da die Erde in eine andere Erde verwandelt werden wird, und auch die Himmel (*verwandelt werden*); und sie werden (*alle*) vor Allah treten, den Einzigen, den Allgewaltigen. * Und an jenem Tage wirst du die Sünder in Ketten gefesselt sehen. * Ihre Hemden werden aus Teer sein, und das Feuer wird ihre Gesichter bedecken, **(14:48-50)**

فَٱلَّذِينَ كَفَرُواْ قُطِّعَتْ لَهُمْ ثِيَابٌ مِّن نَّارٍ يُصَبُّ مِن فَوْقِ رُءُوسِهِمُ ٱلْحَمِيمُ ١٩ يُصْهَرُ بِهِ مَا فِى بُطُونِهِمْ وَٱلْجُلُودُ ٢٠ وَلَهُم

مَّقَامِعُ مِنْ حَدِيدٍ ¹⁹ كُلَّمَآ أَرَادُوٓاْ أَن يَخْرُجُواْ مِنْهَا مِنْ غَمِّ أُعِيدُواْ فِيهَا وَذُوقُواْ عَذَابَ ٱلْحَرِيقِ ²²

Für die, die nun ungläubig sind, werden Kleider aus Feuer zurechtgeschnitten und siedendes Wasser über ihre Köpfe gegossen werden *, wodurch das, was in ihren Bäuchen ist und ihre Haut schmelzen wird. * Und ihnen sind eiserne Keulen bestimmt. * Sooft sie aus Bedrängnis daraus zu entrinnen streben, sollen sie wieder dahin zurückgetrieben werden; und (*es heißt*): ”Kostet die Strafe des Verbrennens.“ **(22:19-22)**

بَلْ كَذَّبُواْ بِٱلسَّاعَةِ وَأَعْتَدْنَا لِمَن كَذَّبَ بِٱلسَّاعَةِ سَعِيرا ¹¹ إِذَا رَأَتْهُم مِّن مَّكَانٍ بَعِيدٍ سَمِعُواْ لَهَا تَغَيُّظاً وَزَفِيرا ¹² وَإِذَآ أُلْقُواْ مِنْهَا مَكَاناً ضَيِّقاً مُّقَرَّنِينَ دَعَوْاْ هُنَالِكَ ثُبُورا ¹³ لاَّ تَدْعُواْ ٱلْيَوْمَ ثُبُوراً وَاحِداً وَٱدْعُواْ ثُبُوراً كَثِيرا ¹⁴

Nein, sie leugnen die Stunde; und denen, welche die Stunde leugnen, haben Wir einen Höllenbrand bereitet. * Wenn er sie aus der Ferne wahrnimmt, werden sie hören, wie er grollt und laut aufheult. * Und wenn sie zusammengekettet in den engen Raum (*des Feuers*) geworfen werden, dann werden sie dort die Vernichtung wünschen. * ”Wünscht heute nicht nur einmal die Vernichtung, sondern wünscht die Vernichtung mehrere Male!“ **(25:11-14)**

Bittgebete aus dem Koran

الٓم ١ ذٰلِكَ ٱلْكِتَابُ لاَ رَيْبَ فِيهِ هُدًى لِّلْمُتَّقِينَ ٢ ٱلَّذِينَ
يُؤْمِنُونَ بِٱلْغَيْبِ وَيُقِيمُونَ ٱلصَّلاةَ وَمِمَّا رَزَقْنَاهُمْ يُنْفِقُونَ ٣
وَٱلَّذِينَ يُؤْمِنُونَ بِمَآ أُنْزِلَ إِلَيْكَ وَمَآ أُنْزِلَ مِن قَبْلِكَ وَبِٱلآخِرَةِ هُمْ
يُوقِنُونَ ٤ أُوْلَٰئِكَ عَلَىٰ هُدًى مِّن رَّبِّهِمْ وَأُوْلَٰئِكَ هُمُ ٱلْمُفْلِحُونَ
٥ إِنَّ ٱلَّذِينَ كَفَرُواْ سَوَآءٌ عَلَيْهِمْ أَأَنذَرْتَهُمْ أَمْ لَمْ تُنْذِرْهُمْ لاَ
يُؤْمِنُونَ ٦ خَتَمَ ٱللَّهُ عَلَىٰ قُلُوبِهِمْ وَعَلَىٰ سَمْعِهِمْ وَعَلَىٰ أَبْصَارِهِمْ
غِشَاوَةٌ وَلَهُمْ عَذَابٌ عظِيمٌ ٧

Alif Lam Mim. * Dies ist das Buch Allahs, das keinen
Anlass zum Zweifel gibt, es ist eine Rechtleitung für
die Gottesfürchtigen *, die an das Verborgene
glauben und das Gebet verrichten und von dem
ausgeben, was Wir ihnen beschert haben *, und die
an das glauben, was auf dich und vor dir herabgesandt wurde, und die mit dem Jenseits fest
rechnen. * Diese folgen der Leitung ihres Herrn und
diese sind die Erfolgreichen. * Wahrlich, denen, die
ungläubig sind, ist es gleich, ob du sie warnst oder
nicht warnst: sie glauben nicht. * Versiegelt hat
Allah ihre Herzen und ihr Gehör; und über ihren
Augen liegt ein Schleier; ihnen wird eine gewaltige
Strafe zuteil sein. **(2:1-7)**

رَبَّنَا تَقَبَّلْ مِنَّآ إِنَّكَ أَنتَ ٱلسَّمِيعُ ٱلْعَلِيمُ ١٢٧ رَبَّنَا وَٱجْعَلْنَا مُسْلِمَيْنِ لَكَ وَمِن ذُرِّيَّتِنَآ أُمَّةً مُّسْلِمَةً لَّكَ وَأَرِنَا مَنَاسِكَنَا وَتُبْ عَلَيْنَآ إِنَّكَ أَنتَ ٱلتَّوَّابُ ٱلرَّحِيمُ ١٢٨

Und als Abraham mit Ismael die Grundmauern des Hauses errichtete, (*sagte er*): „Unser Herr, nimm von uns an, denn wahrlich, Du bist der Allhörende, der Allwissende. * Und, unser Herr, mach uns Dir ergeben und aus unserer Nachkommenschaft eine Gemeinde, die Dir ergeben ist. Und zeige uns, wie wir Dich anbeten sollen und wende uns Deine Gnade wieder zu, denn wahrlich, Du bist der gnädig Sich wieder Zuwendende, der Barmherzige. **(2:127-128)**

رَبَّنَآ آتِنَا فِى ٱلدُّنْيَا حَسَنَةً وَفِى ٱلْآخِرَةِ حَسَنَةً وَقِنَا عَذَابَ ٱلنَّارِ ٢٠١

Und unter ihnen sind manche, die sagen: „Unser Herr, gib uns in dieser Welt Gutes und im Jenseits Gutes und verschone uns vor der Strafe des Feuers!" **(2:201)**

ٱللَّهُ لَا إِلَٰهَ إِلَّا هُوَ ٱلْحَىُّ ٱلْقَيُّومُ لَا تَأْخُذُهُ سِنَةٌ وَلَا نَوْمٌ لَّهُ مَا فِى ٱلسَّمَاوَاتِ وَمَا فِى ٱلْأَرْضِ مَن ذَا ٱلَّذِى يَشْفَعُ عِنْدَهُ إِلَّا بِإِذْنِهِ يَعْلَمُ مَا بَيْنَ أَيْدِيهِمْ وَمَا خَلْفَهُمْ وَلَا يُحِيطُونَ بِشَىْءٍ مِّنْ عِلْمِهِ

إِلاَّ بِمَا شَآءَ وَسِعَ كُرْسِيُّهُ ٱلسَّمَاوَاتِ وَٱلْأَرْضَ وَلاَ يَؤُودُهُ حِفْظُهُمَا وَهُوَ ٱلْعَلِيُّ ٱلْعَظِيمُ ٢٥٥

Allah - kein Gott ist da außer Ihm, Dem Ewiglebenden, Dem durch Sich Selbst Seienden. Ihn ergreift weder Schlummer noch Schlaf. Ihm gehört, was in den Himmeln und was auf der Erde ist. Wer ist es, der bei Ihm Fürsprache einlegen könnte außer mit Seiner Erlaubnis? Er weiß, was vor ihnen und was hinter ihnen liegt; sie aber begreifen nichts von Seinem Wissen, es sei denn das, was Er will. Weit reicht Sein Thron über die Himmel und die Erde, und es fällt Ihm nicht schwer, sie (*beide*) zu bewahren. Und Er ist der Hohe, der Allmächtige. **(2:255)**

آمَنَ ٱلرَّسُولُ بِمَا أُنزِلَ إِلَيْهِ مِن رَّبِّهِ وَٱلْمُؤْمِنُونَ كُلٌّ آمَنَ بِٱللَّهِ وَمَلَآئِكَتِهِ وَكُتُبِهِ وَرُسُلِهِ لاَ نُفَرِّقُ بَيْنَ أَحَدٍ مِّن رُّسُلِهِ وَقَالُواْ سَمِعْنَا وَأَطَعْنَا غُفْرَانَكَ رَبَّنَا وَإِلَيْكَ ٱلْمَصِيرُ ٢٨٥ لاَ يُكَلِّفُ ٱللَّهُ نَفْساً إِلاَّ وُسْعَهَا لَهَا مَا كَسَبَتْ وَعَلَيْهَا مَا ٱكْتَسَبَتْ رَبَّنَا لاَ تُؤَاخِذْنَا إِن نَّسِينَآ أَوْ أَخْطَأْنَا رَبَّنَا وَلاَ تَحْمِلْ عَلَيْنَآ إِصْراً كَمَا حَمَلْتَهُ عَلَى ٱلَّذِينَ مِن قَبْلِنَا رَبَّنَا وَلاَ تُحَمِّلْنَا مَا لاَ طَاقَةَ لَنَا بِهِ وَٱعْفُ عَنَّا وَٱغْفِرْ لَنَا وَٱرْحَمْنَآ أَنتَ مَوْلَانَا فَٱنصُرْنَا عَلَى ٱلْقَوْمِ ٱلْكَافِرِينَ ٢٨٦

Der Gesandte glaubt an das, was ihm von seinem Herrn herab gesandt worden ist, ebenso die Gläubigen; sie alle glauben an Allah und an Seine Engel und an Seine Bücher und an Seine Gesandten. Wir machen keinen Unterschied zwischen Seinen Gesandten. Und sie sagen: „Wir hören und gehorchen. Gewähre uns Deine Vergebung, unser Herr, und zu Dir ist die Heimkehr. * Allah fordert von keiner Seele etwas über das hinaus, was sie zu leisten vermag. Ihr wird zuteil, was sie erworben hat, und über sie kommt, was sie sich zuschulden kommen lässt. Unser Herr, mache uns nicht zum Vorwurf, wenn wir (*etwas*) vergessen oder Fehler begehen. Unser Herr, und erlege uns keine Bürde auf, so wie Du sie jenen auferlegt hast, die vor uns waren. Unser Herr, und lade uns nichts auf, wofür wir keine Kraft haben. Und verzeihe uns, und vergib uns, und erbarme Dich unser. Du bist unser Beschützer. So hilf uns gegen das Volk der Ungläubigen!" **(2:285-286)**

رَبَّنَا لاَ تُزِغْ قُلُوبَنَا بَعْدَ إِذْ هَدَيْتَنَا وَهَبْ لَنَا مِنْ لَّدُنْكَ رَحْمَةً

إِنَّكَ أَنْتَ ٱلْوَهَّابُ ٨ رَبَّنَآ إِنَّكَ جَامِعُ ٱلنَّاسِ لِيَوْمٍ لاَّ رَيْبَ فِيهِ

إِنَّ ٱللَّهَ لاَ يُخْلِفُ ٱلْمِيعَادَ ٩

Unser Herr, lass unsere Herzen sich nicht (*von Dir*) abkehren, nachdem Du uns rechtgeleitet hast. Und schenke uns Barmherzigkeit von Dir; denn Du bist ja wahrlich der unablässig Gebende. * Unser Herr, Du wirst die Menschen zusammenführen an einem Tag, über den es keinen Zweifel gibt. Wahrlich, Allah verfehlt niemals Seinen Termin. **(3:8-9)**

قُلِ ٱللَّهُمَّ مَالِكَ ٱلْمُلْكِ تُؤْتِى ٱلْمُلْكَ مَن تَشَآءُ وَتَنزِعُ ٱلْمُلْكَ مِمَّن تَشَآءُ وَتُعِزُّ مَن تَشَآءُ وَتُذِلُّ مَن تَشَآءُ بِيَدِكَ ٱلْخَيْرُ إِنَّكَ عَلَىٰ كُلِّ شَىْءٍ قَدِيرٌ ٢٦ تُولِجُ ٱلَّيْلَ فِى ٱلنَّهَارِ وَتُولِجُ ٱلنَّهَارَ فِى ٱلَّيْلِ وَتُخْرِجُ ٱلْحَىَّ مِنَ ٱلْمَيِّتِ وَتُخْرِجُ ٱلْمَيِّتَ مِنَ ٱلْحَىِّ وَتَرْزُقُ مَن تَشَآءُ بِغَيْرِ حِسَابٍ ٢٧

Sprich: „O Allah, Herrscher des Königtums, Du gibst das Königtum, wem Du willst und nimmst das Königtum, wem Du willst; und Du ehrst, wen Du willst und erniedrigst, wen Du willst. In Deiner Hand ist das Gute; wahrlich, Du hast Macht über alle Dinge. * Du lässt die Nacht übergehen in den Tag und lässt den Tag übergehen in die Nacht; und Du lässt das Lebendige aus dem Toten erstehen und lässt das Tote aus dem Lebendigen erstehen, und Du versorgst, wen Du willst, ohne Maß." **(3:26-27)**

رَبَّنَآ ءَامَنَّا فَٱغْفِرْ لَنَا وَٱرْحَمْنَا وَأَنتَ خَيْرُ ٱلرَّاحِمِينَ ١٠٩

Wahrlich, es gab eine Anzahl unter Meinen Dienern, die zu sagen pflegten: «Unser Herr, wir glauben.

Vergib uns darum und erbarme Dich unser, denn Du bist der beste Erbarmer.» **(23:109)**

رَبَّنَا ٱغْفِرْ لَنَا ذُنُوبَنَا وَإِسْرَافَنَا فِى أَمْرِنَا وَثَبِّتْ أَقْدَامَنَا وَٱنْصُرْنَا عَلَى ٱلْقَوْمِ ٱلْكَافِرِينَ ١٤٧

Und ihr Wort war nicht anders, als dass sie sagten: "Unser Herr, vergib uns unsere Sünden und unser Vergehen in unserer Sache; und festige unsere Schritte und hilf uns gegen das ungläubige Volk." **(3:147)**

رَبَّنَا فَٱغْفِرْ لَنَا ذُنُوبَنَا وَكَفِّرْ عَنَّا سَيِّئَاتِنَا وَتَوَفَّنَا مَعَ ٱلْأَبْرَارِ ١٩٣

Unser Herr, wahrlich, wir hörten einen Rufer, der zum Glauben aufrief (*und sprach:*) „Glaubt an euren Herrn!" Und so glauben wir. Unser Herr, und vergib uns darum unsere Sünden und tilge unsere Missetaten und lass uns mit den Frommen verscheiden. **(3:193)**

رَبَّنَآ أَخْرِجْنَا مِنْ هَـٰذِهِ ٱلْقَرْيَةِ ٱلظَّالِمِ أَهْلُهَا وَٱجْعَل لَّنَا مِن لَّدُنْكَ وَلِيًّا وَٱجْعَل لَّنَا مِن لَّدُنْكَ نَصِيرا ٧٥

"Unser Herr, führe uns heraus aus dieser Stadt, deren Bewohner ungerecht sind, und gib uns von

Dir einen Beschützer, und gib uns von Dir einen Helfer."? **(4:75)**

رَبَّنَآ أَفْرِغْ عَلَيْنَا صَبْراً وَتَوَفَّنَا مُسْلِمِينَ ١٢٦

Unser Herr, gib uns reichlich Geduld und lass uns als Gottergebene sterben." **(7:126)**

رَبِّ ٱجْعَلْنِى مُقِيمَ ٱلصَّلَاةِ وَمِن ذُرِّيَّتِى رَبَّنَا وَتَقَبَّلْ دُعَآءِ ٤٠ رَبَّنَا ٱغْفِرْ لِى وَلِوَالِدَىَّ وَلِلْمُؤْمِنِينَ يَوْمَ يَقُومُ ٱلْحِسَابُ ٤١

Mein Herr, hilf mir, dass ich und meine Kinder das Gebet verrichten. Unser Herr! Und nimm mein Gebet an. * Unser Herr, vergib mir und meinen Eltern und den Gläubigen an dem Tage, an dem die Abrechnung stattfinden wird!" **(14:40-41)**

رَبَّنَا هَبْ لَنَا مِنْ أَزْوَاجِنَا وَذُرِّيَّاتِنَا قُرَّةَ أَعْيُنٍ وَٱجْعَلْنَا لِلْمُتَّقِينَ إِمَاماً ٧٤

"Unser Herr, gewähre uns an unseren Frauen und Kindern Augentrost und mache uns zu einem Vorbild für die Gottesfürchtigen."**(25:74)**

رَبِّ أَوْزِعْنِى. أَنْ أَشْكُرَ نِعْمَتَكَ ٱلَّتِى. أَنْعَمْتَ عَلَىَّ وَعَلَىٰ وَالِدَىَّ

وَأَنْ أَعْمَلَ صَالِحاً تَرْضَاهُ وَأَصْلِحْ لِي فِي ذُرِّيَّتِي. إِنِّي تُبْتُ إِلَيْكَ وَإِنِّي مِنَ ٱلْمُسْلِمِينَ ۱۵

„Mein Herr, sporne mich an, dankbar zu sein für Deine Gnade, die Du mir und meinen Eltern erwiesen hast, und (*sporne mich an*) Rechtes zu wirken, das Dir wohlgefallen mag. Und lass mir meine Nachkommenschaft rechtschaffen sein. Siehe, ich wende mich zu Dir, und ich bin einer der Gottergebenen." **(46:15)**

هُوَ ٱللَّهُ ٱلَّذِى لاَ إِلَٰهَ إِلاَّ هُوَ ٱلْمَلِكُ ٱلْقُدُّوسُ ٱلسَّلاَمُ ٱلْمُؤْمِنُ ٱلْمُهَيْمِنُ ٱلْعَزِيزُ ٱلْجَبَّارُ ٱلْمُتَكَبِّرُ سُبْحَانَ ٱللَّهِ عَمَّا يُشْرِكُونَ ۲۳ هُوَ ٱللَّهُ ٱلْخَالِقُ ٱلْبَارِئُ ٱلْمُصَوِّرُ لَهُ ٱلْأَسْمَآءُ ٱلْحُسْنَىٰ يُسَبِّحُ لَهُ مَا فِي ٱلسَّمَاوَاتِ وَٱلْأَرْضِ وَهُوَ ٱلْعَزِيزُ ٱلْحَكِيمُ ۲٤

Er ist Allah, außer Dem kein Gott da ist; Er ist der Herrscher, der Einzigheilige, der Friede, der Verleiher von Sicherheit, der Überwacher, der Allmächtige, der Unterwerfer, der Erhabene. Gepriesen sei Allah über all das, was sie (*Ihm*) beigesellen. * Er ist Allah, der Schöpfer, der Bildner, der Gestalter. Ihm stehen "die Schönsten Namen" zu. Alles, was in den Himmeln und auf Erden ist, preist Ihn, und Er ist der Erhabene, der Allweise. **(59:23-24)**

رَّبَّنَا عَلَيْكَ تَوَكَّلْنَا وَإِلَيْكَ أَنَبْنَا وَإِلَيْكَ ٱلْمَصِيرُ ،

"Unser Herr, in Dich setzen wir unser Vertrauen, und zu Dir kehren wir reumütig zurück, und zu Dir ist die letzte Einkehr. **(60:4)**

وَمَن يَتَّقِ ٱللَّهَ يَجْعَل لَّهُ مَخْرَجا ، وَيَرْزُقْهُ مِنْ حَيْثُ لاَ يَحْتَسِبُ وَمَن يَتَوَكَّلْ عَلَى ٱللَّهِ فَهُوَ حَسْبُهُ إِنَّ ٱللَّهَ بَالِغُ أَمْرِهِ قَدْ جَعَلَ ٱللَّهُ لِكُلِّ شَىْءٍ قَدْرا ٣

Und dem, der Allah fürchtet, verschafft Er einen Ausweg * und versorgt ihn in der Art und Weise, mit der er nicht rechnet. Und wer auf Allah vertraut - für den ist Er sein Genüge. Wahrlich, Allah setzt durch, was Er will; siehe Allah hat für alles eine Bestimmung gemacht. **(65:2-3)**

رَبَّنَا أَتْمِمْ لَنَا نُورَنَا وَٱغْفِرْ لَنَا إِنَّكَ عَلَىٰ كُلِّ شَىْءٍ قَدِيرٌ ٨

"Unser Herr, mache unser Licht für uns vollkommen und vergib uns; denn Du hast Macht über alle Dinge." **(66:8)**

Auswanderung

إِنَّ ٱلَّذِينَ آمَنُواْ وَٱلَّذِينَ هَاجَرُواْ وَجَاهَدُواْ فِي سَبِيلِ ٱللَّهِ أُوْلَـٰئِكَ يَرْجُونَ رَحْمَةَ ٱللَّهِ وَٱللَّهُ غَفُورٌ رَّحِيمٌ ٢١٨

Wahrlich, jene, die glauben und ausgewandert sind und sich auf dem Weg Allahs mit aller Kraft einsetzen, die sind es, die auf die Barmherzigkeit Allahs hoffen. Und Allah ist Allverzeihend, Barmherzig. **(2:218)**

وَمَن يُهَاجِرْ فِي سَبِيلِ اللَّهِ يَجِدْ فِي ٱلأَرْضِ مُرَاغَماً كَثِيراً وَسَعَةً

Und wer für die Sache Allahs auswandert, der wird auf Erden genug Stätten der Zuflucht und der Fülle finden. **(4:100)**

ٱلَّذِينَ آمَنُواْ وَهَاجَرُواْ وَجَاهَدُواْ فِي سَبِيلِ ٱللَّهِ بِأَمْوَالِهِمْ وَأَنْفُسِهِمْ أَعْظَمُ دَرَجَةً عِندَ ٱللَّهِ وَأُوْلَـٰئِكَ هُمُ ٱلْفَائِزُونَ ٢٠

Diejenigen, die glauben und auswandern und mit ihrem Gut und ihrem Blut für Allahs Sache kämpfen, nehmen den höchsten Rang bei Allah ein; und sie sind es, die gewinnen werden. **(9:20)**

وَٱلَّذِينَ هَاجَرُواْ فِى ٱللَّهِ مِنۢ بَعْدِ مَا ظُلِمُواْ لَنُبَوِّئَنَّهُمْ فِى ٱلدُّنْيَا حَسَنَةً ۖ وَلَأَجْرُ ٱلْآخِرَةِ أَكْبَرُ ۚ لَوْ كَانُواْ يَعْلَمُونَ ٤١

Und denjenigen, die um Allahs willen ausgewandert sind, nachdem sie unterdrückt worden waren, werden Wir sicherlich eine schöne Wohnstatt in der Welt geben; und wahrlich, der Lohn des Jenseits ist (*noch*) größer, wenn sie es nur wüssten; **(16:41)**

Aufklärung

وَكَأَيِّن مِّن آيَةٍ فِى ٱلسَّمَاوَاتِ وَٱلْأَرْضِ يَمُرُّونَ عَلَيْهَا وَهُمْ عَنْهَا مُعْرِضُونَ ١٠٥

Und wie viele Zeichen sind in den Himmeln und auf Erden, an denen sie vorbeigehen, indem sie sich von ihnen abwenden! **(12:105)**

وَإِن تُطِعْ أَكْثَرَ مَن فِى ٱلْأَرْضِ يُضِلُّوكَ عَن سَبِيلِ ٱللَّهِ ۚ إِن يَتَّبِعُونَ إِلَّا ٱلظَّنَّ وَإِنْ هُمْ إِلَّا يَخْرُصُونَ ١١٦

Und wenn du den Meisten derer auf der Erde gehorchst, werden sie dich von Allahs Weg irreführen. Sie folgen nur Vermutungen, und sie raten nur. **(6:116)**

Gute und schlechte Worte

لاَّ يُحِبُّ ٱللَّهُ ٱلْجَهْرَ بِٱلسُّوءِ مِنَ ٱلْقَوْلِ إِلاَّ مَن ظُلِمَ وَكَانَ ٱللَّهُ سَمِيعاً عَلِيما ١٤٨

Allah liebt nicht, dass böse Worte laut vernehmbar gebraucht werden, außer wenn einem Unrecht geschieht; wahrlich, Allah ist Allhörend, Allwissend. **(4:148)**

أَلَمْ تَرَ كَيْفَ ضَرَبَ ٱللَّهُ مَثَلاً كَلِمَةً طَيِّبَةً كَشَجَرةٍ طَيِّبَةٍ أَصْلُهَا ثَابِتٌ وَفَرْعُهَا فِي ٱلسَّمَآءِ ٠ تُؤْتِى أُكُلَهَا كُلَّ حِينٍ بِإِذْنِ رَبِّهَا وَيَضْرِبُ ٱللَّهُ ٱلْأَمْثَالَ لِلنَّاسِ لَعَلَّهُمْ يَتَذَكَّرُونَ ٠ وَمَثلُ كَلِمَةٍ خَبِيثَةٍ كَشَجَرَةٍ خَبِيثَةٍ ٱجْتُثَّتْ مِن فَوْقِ ٱلْأَرْضِ مَا لَهَا مِن قَرَارٍ ٦

Siehst du nicht, wie Allah das Gleichnis eines guten Wortes prägt? (*Es ist*) wie ein guter Baum, dessen Wurzeln fest sind und dessen Zweige bis zum Himmel (*ragen*). * Er bringt seine Frucht zu jeder Zeit mit der Erlaubnis seines Herrn hervor. Und Allah prägt Gleichnisse für die Menschen, auf dass sie nachdenken mögen. * Und das Gleichnis eines schlechten Wortes aber ist wie ein schlechter Baum, der aus der Erde entwurzelt ist und keinen Halt im Boden hat. **(14:24-26)**

وَهُدُوٓاْ إِلَى ٱلطَّيِّبِ مِنَ ٱلْقَوْلِ وَهُدُوٓاْ إِلَىٰ صِرَاطِ ٱلْحَمِيدِ ٪

Und sie werden zu lauterster Rede rechtgeleitet werden, und sie werden zum Weg des Preiswürdigen rechtgeführt werden. **(22:24)**

مَن كَانَ يُرِيدُ ٱلْعِزَّةَ فَلِلَّهِ ٱلْعِزَّةُ جَمِيعاً إِلَيْهِ يَصْعَدُ ٱلْكَلِمُ ٱلطَّيِّبُ وَٱلْعَمَلُ ٱلصَّالِحُ يَرْفَعُهُ

Wer da Erhabenheit begehrt, (*der wisse*), dass alle Erhabenheit Allah gehört. Zu Ihm steigt das gute Wort empor, und rechtschaffenes Werk wird es hochtreiben lassen. **(35:10)**

Triumphieren

لاَ تَفْرَحْ إِنَّ ٱللَّهَ لاَ يُحِبُّ ٱلْفَرِحِينَ ٧٦

"Freue dich nicht; denn Allah liebt diejenigen nicht, die frohlocken. **(28:76)**

Gottesfurcht

وَٱتَّقُوا۟ ٱللَّهَ وَٱعْلَمُوٓا۟ أَنَّ ٱللَّهَ مَعَ ٱلْمُتَّقِينَ ١٩٤

Und fürchtet Allah und wisst, dass Allah mit den Gottesfürchtigen ist. **(2:194)**

يَٰٓأَيُّهَا ٱلَّذِينَ ءَامَنُوا۟ ٱتَّقُوا۟ ٱللَّهَ حَقَّ تُقَاتِهِۦ وَلَا تَمُوتُنَّ إِلَّا وَأَنْتُمْ مُّسْلِمُونَ ١٠٢

O ihr, die ihr glaubt, fürchtet Allah in geziemender Furcht und sterbt nicht anders denn als Muslime. **(3:102)**

وَٱتَّقُوا۟ ٱللَّهَ لَعَلَّكُمْ تُفْلِحُونَ ١٣٠

Und fürchtet Allah! Vielleicht werdet ihr erfolgreich sein. **(3:130)**

وَٱدْعُوهُ خَوْفًا وَطَمَعًا إِنَّ رَحْمَةَ ٱللَّهِ قَرِيبٌ مِّنَ ٱلْمُحْسِنِينَ ٥٦

Und ruft Ihn in Furcht und Hoffnung an. Wahrlich, Allahs Barmherzigkeit ist denen nahe, die gute Werke tun. **(7:56)**

وَٱلدَّارُ ٱلْآخِرَةُ خَيْرٌ لِّلَّذِينَ يَتَّقُونَ أَفَلاَ تَعْقِلُونَ ١٦٩

Und die Wohnstätte im Jenseits ist besser für die Gottesfürchtigen. Wollt ihr es denn nicht begreifen? **(7:169)**

إِنَّ ٱلَّذِينَ ٱتَّقَواْ إِذَا مَسَّهُمْ طَائِفٌ مِّنَ ٱلشَّيْطَانِ تَذَكَّرُواْ فَإِذَا هُم مُّبْصِرُونَ ٢٠١

Wahrlich, diejenigen, die dann gottesfürchtig sind, wenn eine Anwandlung Satans sie überkommt, und sich dann ermahnen lassen – siehe, gleich sehen sie *(ihren klaren Weg)* wieder. **(7:201)**

وَقِيلَ لِلَّذِينَ ٱتَّقَواْ مَاذَا أَنْزَلَ رَبُّكُمْ قَالُواْ خَيْراً لِّلَّذِينَ أَحْسَنُواْ فِي هٰذِهِ ٱلدُّنْيَا حَسَنَةٌ وَلَدَارُ ٱلْآخِرَةِ خَيْرٌ وَلَنِعْمَ دَارُ ٱلْمُتَّقِينَ ٣٠

Und *(wenn)* zu den Gottesfürchtigen gesprochen wird: "Was *(haltet ihr)* von dem, was euer Herr herabgesandt hat?" sagen sie: "Etwas Gutes!" Für die, welche Gutes tun, ist Gutes in dieser Welt, und die Wohnstatt des Jenseits ist noch besser. Herrlich wahrlich ist die Wohnstatt der Gottesfürchtigen. **(16:30)**

ٱلَّذِينَ يُبَلِّغُونَ رِسَالَاتِ ٱللَّهِ وَيَخْشَوْنَهُ وَلاَ يَخْشَوْنَ أَحَداً إِلاَّ

ٱللَّهَ وَكَفَىٰ بِٱللَّهِ حَسِيبا ٣٩

Jene, die Allahs Botschaften ausrichteten und Ihn fürchteten und niemanden außer Allah fürchteten. Und Allah genügt für die Abrechnung. **(33:39)**

إِنَّمَا ٱلْمُؤْمِنُونَ إِخْوَةٌ فَأَصْلِحُواْ بَيْنَ أَخَوَيْكُمْ وَٱتَّقُواْ ٱللَّهَ لَعَلَّكُمْ تُرْحَمُونَ ١٠

Die Gläubigen sind ja Brüder. So stiftet Frieden zwischen euren Brüdern und fürchtet Allah, auf dass euch Barmherzigkeit erwiesen werde. **(49:10)**

يَا أَيُّهَا ٱلَّذِينَ آمَنُواْ ٱتَّقُواْ ٱللَّهَ وَآمِنُواْ بِرَسُولِهِ يُؤْتِكُمْ كِفْلَيْنِ مِن رَّحْمَتِهِ وَيَجْعَل لَّكُمْ نُوراً تَمْشُونَ بِهِ وَيَغْفِرْ لَكُمْ وَٱللَّهُ غَفُورٌ رَّحِيمٌ ٢٨

O ihr, die ihr glaubt, fürchtet Allah und glaubt an Seinen Gesandten! Er wird euch einen doppelten Anteil von Seiner Barmherzigkeit geben und wird euch ein Licht bereiten, worin ihr wandeln werdet, und wird euch vergeben - und Allah ist Allvergebend, Barmherzig, **(57:28)**

وَمَن يَتَّقِ ٱللَّهَ يَجْعَل لَّهُ مَخْرَجا ، وَيَرْزُقْهُ مِنْ حَيْثُ لاَ يَحْتَسِبُ

وَمَن يَتَوَكَّلْ عَلَى ٱللَّهِ فَهُوَ حَسْبُهُ إِنَّ ٱللَّهَ بَالِغُ أَمْرِهِ قَدْ جَعَلَ ٱللَّهُ لِكُلِّ شَىْءٍ قَدْرًا ۳

Und dem, der Allah fürchtet, verschafft Er einen Ausweg * und versorgt ihn in der Art und Weise, mit der er nicht rechnet. Und wer auf Allah vertraut - für den ist Er sein Genüge. Wahrlich, Allah setzt durch, was Er will; siehe Allah hat für alles eine Bestimmung gemacht. (65:2-3)

إِنَّ ٱلَّذِينَ يَخْشَوْنَ رَبَّهُم بِٱلْغَيْبِ لَهُم مَّغْفِرَةٌ وَأَجْرٌ كَبِيرٌ ۱۲

Wahrlich, diejenigen, die ihren Herrn im Verborgenen fürchten, werden Vergebung und einen großen Lohn erhalten. (67:12)

Speisung der Bedürftigen

إِنَّهُ كَانَ لاَ يُؤْمِنُ بِٱللَّهِ ٱلْعَظِيمِ ٣٣ وَلاَ يَحُضُّ عَلَى طَعَامِ
ٱلْمِسْكِينِ ٣٤ فَلَيْسَ لَهُ ٱلْيَوْمَ هَا هُنَا حَمِيمٌ ٣٥ وَلاَ طَعَامٌ إِلاَّ مِنْ
غِسْلِينٍ ٣٦ لاَّ يَأْكُلُهُ إِلاَّ ٱلْخَاطِئُونَ ٣٧

Denn er glaubte ja nicht an Allah, den Allmächtigen
*, und forderte nicht zur Speisung der Armen auf. *
Hier hat er nun heute keinen Freund * und keine
Nahrung außer Eiter *, den nur die Sünder essen."
(69:33-37)

فَلاَ ٱقْتَحَمَ ٱلْعَقَبَةَ ١١ وَمَآ أَدْرَاكَ مَا ٱلْعَقَبَةُ ١٢ فَكُّ رَقَبَةٍ ١٣ أَوْ
إِطْعَامٌ فِي يَوْمٍ ذِى مَسْغَبَةٍ ١٤ يَتِيماً ذَا مَقْرَبَةٍ ١٥ أَوْ مِسْكِيناً ذَا
مَتْرَبَةٍ ١٦

Doch er bezwang das Hindernis nicht. * Und was
lehrt dich wissen, was das Hindernis ist? * (*Es sind:*)
das Befreien eines Nackens *; oder an einem Tage
während der Hungersnot das Speisen * einer
nahverwandten Waise * oder eines Armen, der sich
im Staube wälzt. **(90:11-16)**

Ernährung: erlaubtes und verbotenes

يَٰٓأَيُّهَا ٱلَّذِينَ ءَامَنُواْ كُلُواْ مِن طَيِّبَٰتِ مَا رَزَقْنَٰكُمْ وَٱشْكُرُواْ لِلَّهِ إِن كُنتُمْ إِيَّاهُ تَعْبُدُونَ ١٧٢ إِنَّمَا حَرَّمَ عَلَيْكُمُ ٱلْمَيْتَةَ وَٱلدَّمَ وَلَحْمَ ٱلْخِنزِيرِ وَمَآ أُهِلَّ بِهِ لِغَيْرِ ٱللَّهِ فَمَنِ ٱضْطُرَّ غَيْرَ بَاغٍ وَلاَ عَادٍ فَلاَ إِثْمَ عَلَيْهِ إِنَّ ٱللَّهَ غَفُورٌ رَّحِيمٌ ١٧٣

O ihr, die ihr glaubt, esst von den guten Dingen, die Wir euch bereitet haben, und seid Allah dankbar, wenn ihr Ihm allein dient. * Verboten hat Er euch nur (*den Genuss von*) natürlich Verendetem, Blut, Schweinefleisch und dem, worüber etwas anderes als Allah angerufen worden ist. Wenn aber jemand (*dazu*) gezwungen ist, ohne (*es*) zu begehren und ohne das Maß zu überschreiten, so trifft ihn keine Schuld; wahrlich, Allah ist Allverzeihend, Barmherzig. **(2:172-173)**

يَٰٓأَيُّهَا ٱلَّذِينَ ءَامَنُواْ لاَ تُحَرِّمُواْ طَيِّبَٰتِ مَآ أَحَلَّ ٱللَّهُ لَكُمْ وَلاَ تَعْتَدُوٓاْ إِنَّ ٱللَّهَ لاَ يُحِبُّ ٱلْمُعْتَدِينَ ٨٧

O ihr, die ihr glaubt, erklärt die guten Dinge, die Allah euch erlaubt hat, nicht für verboten; doch

übertretet auch nicht. Denn Allah liebt die Übertreter nicht. **(5:87)**

فَكُلُواْ مِمَّا ذُكِرَ ٱسْمُ ٱللَّهِ عَلَيْهِ إِن كُنتُمْ بِآيَاتِهِ مُؤْمِنِينَ ١١٨ وَمَا

لَكُمْ أَلَّا تَأْكُلُواْ مِمَّا ذُكِرَ ٱسْمُ ٱللَّهِ عَلَيْهِ وَقَدْ فَصَّلَ لَكُمْ مَّا

حَرَّمَ عَلَيْكُمْ إِلَّا مَا ٱضْطُرِرْتُمْ إِلَيْهِ

So esst das, worüber Allahs Name ausgesprochen
wurde, wenn ihr an Seine Zeichen glaubt! * Warum
solltet ihr denn nicht von dem essen, worüber Allahs
Name gesprochen wurde, wo Er euch bereits erklärt
hat, was Er euch verboten hat - das ausgenommen,
wozu ihr gezwungen werdet? **(6:118-119)**

Freitagsgebet

إِنَّ ٱللَّهَ يَأْمُرُ بِٱلْعَدْلِ وَٱلْإِحْسَانِ وَإِيتَآءِ ذِى ٱلْقُرْبَىٰ وَيَنْهَىٰ عَنِ

ٱلْفَحْشَاءِ وَٱلْمُنْكَرِ وَٱلْبَغْىِ يَعِظُكُمْ لَعَلَّكُمْ تَذَكَّرُونَ ٩٠

Wahrlich, Allah gebietet, gerecht (*zu handeln*),
uneigennützig Gutes zu tun und freigebig gegen-

über den Verwandten zu sein; und Er verbietet, was schändlich und abscheulich und gewalttätig ist. Er ermahnt euch; vielleicht werdet ihr die Ermahnung annehmen. **(16:90)**

يَٰٓأَيُّهَا ٱلَّذِينَ ءَامَنُوٓاْ إِذَا نُودِىَ لِلصَّلَاةِ مِن يَوْمِ ٱلْجُمُعَةِ فَٱسْعَوْاْ إِلَىٰ

ذِكْرِ ٱللَّهِ وَذَرُواْ ٱلْبَيْعَ ذَٰلِكُمْ خَيْرٌ لَّكُمْ إِن كُنتُمْ تَعْلَمُونَ ٩

فَإِذَا قُضِيَتِ ٱلصَّلَاةُ فَٱنتَشِرُواْ فِى ٱلْأَرْضِ وَٱبْتَغُواْ مِن فَضْلِ ٱللَّهِ

وَٱذْكُرُواْ ٱللَّهَ كَثِيرًا لَّعَلَّكُمْ تُفْلِحُونَ ١٠

O ihr, die ihr glaubt, wenn zum Freitagsgebet geru-fen wird, dann eilt zum Gedenken Allahs und stellt den Geschäftsbetrieb ein. Das ist besser für euch, wenn ihr es nur wüsstet. * Und wenn das Gebet beendet ist, dann zerstreut euch im Land und trachtet nach Allahs Gnadenfülle und gedenkt Allahs häufig, auf dass ihr Erfolg haben mögt. **(62:9-10)**

Gute Taten

مَن يَشْفَعْ شَفَاعَةً حَسَنَةً يَكُن لَّهُ نَصِيبٌ مِّنْهَا وَمَن يَشْفَعْ
شَفَاعَةً سَيِّئَةً يَكُن لَّهُ كِفْلٌ مِّنْهَا وَكَانَ ٱللَّهُ عَلَىٰ كُلِّ شَىْءٍ
مُّقِيتًا ٨٥

Wer Fürsprache für etwas Gutes einlegt, dem soll
ein Anteil daran zukommen, und wer Fürsprache
für etwas Schlechtes einlegt, trägt die Schuld dafür.
Und Allah hat Macht über alle Dinge. **(4:85)**

قُلْ يِعِبَادِ ٱلَّذِينَ آمَنُواْ ٱتَّقُواْ رَبَّكُمْ لِلَّذِينَ أَحْسَنُواْ فِى هَـٰذِهِ
ٱلدُّنْيَا حَسَنَةٌ وَأَرْضُ ٱللَّهِ وَاسِعَةٌ إِنَّمَا يُوَفَّى ٱلصَّابِرُونَ أَجْرَهُم
بِغَيْرِ حِسَابٍ ١٠

Sprich: "O Meine Diener, die ihr gläubig seid, fürchtet euren Herrn. Für diejenigen, die in dieser Welt
Gutes tun, ist Gutes (*bestimmt*). Und Allahs Erde ist
weit. Wahrlich, den Geduldigen wird ihr Lohn (*von
Allah*) ohne zu rechnen gewährt werden." **(39:10)**

وَلاَ تَسْتَوِى ٱلْحَسَنَةُ وَلاَ ٱلسَّيِّئَةُ ٱدْفَعْ بِٱلَّتِى هِىَ أَحْسَنُ فَإِذَا
ٱلَّذِى بَيْنَكَ وَبَيْنَهُ عَدَاوَةٌ كَأَنَّهُ وَلِىٌّ حَمِيمٌ ٣٤ وَمَا يُلَقَّاهَا إِلاَّ

ٱلَّذِينَ صَبَرُواْ وَمَا يُلَقَّاهَآ إِلاَّ ذُو حَظٍّ عَظِيمٍ ٣٥

Und nimmer sind das Gute und das Böse gleich.
Wehre (*das Böse*) in bester Art ab, und siehe da, der,
zwischen dem und dir Feindschaft herrschte, wird
wie ein treuer Freund sein. * Aber dies wird nur
denen gewährt, die geduldig sind; und dies wird
nur denen gewährt, die großes Glück haben.
(41:34-35)

Habgier

فَٱتَّقُواْ ٱللَّهَ مَا ٱسْتَطَعْتُمْ وَٱسْمَعُواْ وَأَطِيعُواْ وَأَنفِقُواْ خَيْراً

لأَنفُسِكُمْ وَمَن يُوقَ شُحَّ نَفْسِهِ فَأُوْلَـٰئِكَ هُمُ ٱلْمُفْلِحُونَ ١٦

So fürchtet Allah, soviel ihr nur könnt, und hört und
gehorcht und spendet; es wird für euch selbst besser
sein. Und wer vor seiner eigenen Habsucht bewahrt
ist - das sind die Erfolgreichen. **(64:16)**

أَلْهَاكُمُ ٱلتَّكَاثُرُ ١ حَتَّىٰ زُرْتُمُ ٱلْمَقَابِرَ ٢

Das Streben nach Mehr lenkt euch solange ab *, bis ihr die Gräber besucht. **(102:1-2)**

Die Hüter

وَإِنَّ عَلَيْكُمْ لَحَافِظِينَ ١٠ كِرَاماً كَاتِبِينَ ١١ يَعْلَمُونَ مَا تَفْعَلُونَ١٢ إِنَّ ٱلْأَبْرَارَ لَفِى نَعِيمٍ١٣ وَإِنَّ ٱلْفُجَّارَ لَفِى جَحِيمٍ١٤

Und über euch sind wahrlich Hüter *, Edle, Schreibende *, die wissen, was ihr tut. * Wahrlich, die Rechtschaffenen werden in der Wonne sein *, und wahrlich, die Unverschämten werden in der Al-Jahim sein. **(82:10-14)**

Die Rechtgeleiteten

ٱلَّذِينَ إِذَآ أَصَابَتْهُم مُّصِيبَةٌ قَالُوٓا إِنَّا لِلَّهِ وَإِنَّآ إِلَيْهِ رَاجِعُونَ ١٠٦
أُوْلَـٰٓئِكَ عَلَيْهِمْ صَلَوَاتٌ مِّن رَّبِّهِمْ وَرَحْمَةٌ وَأُوْلَـٰٓئِكَ هُمُ
ٱلْمُهْتَدُونَ ١٠٧

Die, wenn sie ein Unglück trifft, sagen: "Wir gehören Allah und zu Ihm kehren wir zurück." * Auf diese lässt ihr Herr Segnungen und Barmherzigkeit herab und diese werden rechtgeleitet sein. **(2:156-157)**

فَأَمَّا ٱلَّذِينَ آمَنُواْ بِٱللَّهِ وَٱعْتَصَمُواْ بِهِ فَسَيُدْخِلُهُمْ فِى رَحْمَةٍ مِّنْهُ
وَفَضْلٍ وَيَهْدِيهِمْ إِلَيْهِ صِرَاطاً مُّسْتَقِيما ١٧٥

Was aber diejenigen angeht, die an Allah glauben und an Ihm festhalten - diese wird Er in Seine Barmherzigkeit und Huld aufnehmen und sie auf dem geraden Weg zu Sich führen. **(4:175)**

وَٱتَّقُوا ٱللَّهَ وَاسْمَعُوا ۗ وَٱللَّهُ لَا يَهْدِى ٱلْقَوْمَ ٱلْفَاسِقِينَ

Und fürchtet Allah und hört! Denn Allah weist nicht den ungehorsamen Leuten den Weg. **(5:108)**

وَأَنَّ ٱللَّهَ لاَ يَهْدِى كَيْدَ ٱلْخَائِنِينَ ٥٢

Und damit Allah die List der Treulosen nicht gelingen lässt. (12:52)

يُثَبِّتُ ٱللَّهُ ٱلَّذِينَ آمَنُواْ بِٱلْقَوْلِ ٱلثَّابِتِ فِى ٱلْحَيَاةِ ٱلدُّنْيَا وَفِى ٱلآخِرَةِ

Allah stärkt die Gläubigen mit dem fest gegründeten Wort, in diesem Leben wie im künftigen; (14:27)

وَيَزِيدُ ٱللَّهُ ٱلَّذِينَ ٱهْتَدَواْ هُدًى

Und Allah bestärkt die, die rechtgeleitet sind, in Seiner Führung. (19:76)

وَٱلَّذِينَ جَاهَدُواْ فِينَا لَنَهْدِيَنَّهُمْ سُبُلَنَا وَإِنَّ ٱللَّهَ لَمَعَ ٱلْمُحْسِنِين

Und diejenigen, die in Unserer Sache wetteifern – Wir werden sie gewiss auf Unsere Wegen leiten. Wahrlich, Allah ist mit denen, die Gutes tun. (29:69)

ٱلَّذِينَ يَسْتَمِعُونَ ٱلْقَوْلَ فَيَتَّبِعُونَ أَحْسَنَهُ أُوْلَـٰئِكَ ٱلَّذِينَ هَدَاهُمُ ٱللَّهُ وَأُوْلَـٰئِكَ هُمْ أُوْلُو ٱلْأَلْبَابِ ١٨

Es sind jene, die auf das Wort hören und dem Besten von ihm folgen. Sie sind es, denen Allah den Weg gewiesen hat, und sie sind es, die Verstand besitzen. **(39:18)**

إِنَّآ أَنزَلْنَا عَلَيْكَ ٱلْكِتَابَ لِلنَّاسِ بِٱلْحَقِّ فَمَنِ ٱهْتَدَىٰ فَلِنَفْسِهِ وَمَن ضَلَّ فَإِنَّمَا يَضِلُّ عَلَيْهَا وَمَآ أَنتَ عَلَيْهِم بِوَكِيلٍ

Wahrlich, Wir haben dir das Buch mit der Wahrheit für die Menschen herabgesandt. Wer dann recht-geleitet ist, der ist es zu seinem eigenen Besten; und wer irregeht, der geht dann irre zu seinem (*eigenen*) Schaden. Und du bist nicht ihr Sachwalter. **(39:41)**

مَآ أَصَابَ مِن مُّصِيبَةٍ إِلَّا بِإِذْنِ ٱللَّهِ وَمَن يُؤْمِن بِٱللَّهِ يَهْدِ قَلْبَهُ وَٱللَّهُ بِكُلِّ شَىْءٍ عَلِيمٌ ١١

Kein Unglück trifft ein, es sei denn mit Allahs Erlaubnis. Und wer an Allah glaubt, dem leitet Er sein Herz. Und Allah weiß alle Dinge. **(64:11)**

Die Pilgerfahrt

ٱلْحَجُّ أَشْهُرٌ مَّعْلُومَاتٌ فَمَن فَرَضَ فِيهِنَّ ٱلْحَجَّ فَلاَ رَفَثَ وَلاَ فُسُوقَ وَلاَ جِدَالَ فِى ٱلْحَجِّ وَمَا تَفْعَلُواْ مِنْ خَيْرٍ يَعْلَمْهُ ٱللَّهُ وَتَزَوَّدُواْ فَإِنَّ خَيْرَ ٱلزَّادِ ٱلتَّقْوَىٰ وَٱتَّقُونِ يأُوْلِى ٱلْأَلْبَابِ ١٩٧ لَيْسَ عَلَيْكُمْ جُنَاحٌ أَن تَبْتَغُواْ فَضْلاً مِّن رَّبِّكُمْ فَإِذَآ أَفَضْتُم مِّنْ عَرَفَاتٍ فَٱذْكُرُواْ ٱللَّهَ عِندَ ٱلْمَشْعَرِ ٱلْحَرَامِ وَٱذْكُرُوهُ كَمَا هَدَاكُمْ وَإِن كُنْتُمْ مِّن قَبْلِهِ لَمِنَ ٱلضَّآلِّينَ ١٩٨

Für die Pilgerfahrt sind bekannte Monate (*vorgesehen*). Wer sich in ihnen zur Pilgerfahrt entschlossen hat, der enthalte sich des Beischlafs und begehe weder Frevel noch unziemliche Rede während der Pilgerfahrt. Und was ihr an Gutem tut, Allah weiß es. Und sorgt für die Reise, doch wahrlich, die beste Vorsorge ist Gottesfurcht. Und fürchtet Mich, o ihr, die ihr einsichtig seid! * Es ist kein Vergehen von euch, wenn ihr nach der Gunst eures Herrn (*durch Handelsgewinn*) strebt. Und wenn ihr von Arafaat herbeieilt, dann gedenkt Allahs bei Al-Masch'ari-l-haram[12]. Und gedenkt Seiner, wie Er euch rechtge-

---

[12] Das Gebiet von Al-Muzdalifa zwischen Arafaat und Makka, in dem sich die Pilger für eine Zeit auf dem Rückweg von Arafaat nach Mina aufhalten.

leitet hat, obwohl ihr wahrlich vordem unter jenen wart, die irregingen. **(2:197-198)**

إِنَّ أَوَّلَ بَيْتٍ وُضِعَ لِلنَّاسِ لَلَّذِى بِبَكَّةَ مُبَارَكًا وَهُدًى لِّلْعَالَمِينَ
١٦ فِيهِ آيَاتٌ بَيِّنَاتٌ مَّقَامُ إِبْرَاهِيمَ وَمَنْ دَخَلَهُ كَانَ آمِنًا وَلِلَّهِ
عَلَى ٱلنَّاسِ حِجُّ ٱلْبَيْتِ مَنِ ٱسْتَطَاعَ إِلَيْهِ سَبِيلًا

Wahrlich, das erste Haus, das für die Menschen gegründet wurde, ist das in Bakka[13], ein Gesegnetes und eine Leitung für die Welten. * In ihm sind deutliche Zeichen - die Stätte Abrahams. Und wer es betritt, ist sicher. Und den Menschen Pflicht gegenüber Allah ist die Pilgerfahrt zum Hause, wer da den Weg zu ihm machen kann. **(3:96-97)**

وَأَذِّن فِى ٱلنَّاسِ بِٱلْحَجِّ يَأْتُوكَ رِجَالًا وَعَلَىٰ كُلِّ ضَامِرٍ يَأْتِينَ مِن
كُلِّ فَجٍّ عَمِيقٍ ٢٧ لِيَشْهَدُواْ مَنَافِعَ لَهُمْ وَيَذْكُرُواْ ٱسْمَ ٱللَّهِ فِى
أَيَّامٍ مَّعْلُومَاتٍ عَلَىٰ مَا رَزَقَهُمْ مِّن بَهِيمَةِ ٱلْأَنْعَامِ فَكُلُواْ مِنْهَا
وَأَطْعِمُواْ ٱلْبَآئِسَ ٱلْفَقِيرَ ٢٨ ثُمَّ لْيَقْضُواْ تَفَثَهُمْ وَلْيُوفُواْ نُذُورَهُمْ
وَلْيَطَّوَّفُواْ بِٱلْبَيْتِ ٱلْعَتِيقِ ٢٩ ذَٰلِكَ وَمَن يُعَظِّمْ حُرُمَاتِ ٱللَّهِ فَهُوَ
خَيْرٌ لَّهُ عِندَ رَبِّهِ

---

[13] Nämlich: Mekka.

Und rufe die Menschen zur Pilgerfahrt auf. Sie werden zu Fuß und auf jedem mageren Kamel aus allen fernen Gegenden zu dir kommen *, auf dass sie allerlei Vorteile wahrnehmen und während einer bestimmten Anzahl von Tagen des Namens Allahs für das gedenken mögen, was Er ihnen an Vieh gegeben hat. Darum esst davon und speist den Notleidenden, den Bedürftigen. * Dann sollen sie ihre persönliche Reinigung vollziehen und ihre Gelübde erfüllen und um das Altehrwürdige Haus wandeln." * Somit wird es für den, der die Gebote Allahs ehrt, gut vor seinem Herrn sein. (22:27-30)

Das Jenseits

وَلَأَجْرُ ٱلْآخِرَةِ خَيْرٌ لِّلَّذِينَ آمَنُواْ وَكَانُواْ يَتَّقُونَ ٥٧

Der Lohn des Jenseits aber ist besser für jene, die glauben und (*Allah*) fürchten. **(12:57)**

ٱلَّذِينَ يَسْتَحِبُّونَ ٱلْحَيَاةَ ٱلدُّنْيَا عَلَى ٱلْآخِرَةِ وَيَصُدُّونَ عَن سَبِيلِ ٱللَّهِ وَيَبْغُونَهَا عِوَجًا أُوْلَـٰئِكَ فِى ضَلالٍ بَعِيدٍ ٣

Es sind jene, die das Leben des Diesseits dem des Jenseits vorziehen und von Allahs Weg abhalten und ihn zu krümmen trachten. Sie sind es, die im großen Irrtum weit gegangen sind. **(14:3)**

وَمَنْ أَرَادَ ٱلْآخِرَةَ وَسَعَىٰ لَهَا سَعْيَهَا وَهُوَ مُؤْمِنٌ فَأُوْلَـٰئِكَ كَانَ سَعْيُهُم مَّشْكُورا ١٩

Und wenn aber einer das Jenseits begehrt und es beharrlich erstrebt und gläubig ist - dessen Eifer wird mit Dank belohnt. **(17:19)**

تِلْكَ ٱلدَّارُ ٱلْآخِرَةُ نَجْعَلُهَا لِلَّذِينَ لاَ يُرِيدُونَ عُلُوًّا فِى ٱلْأَرْضِ وَلاَ فَسَادًا

Jene Wohnstatt im Jenseits! Wir geben sie denen, die weder Selbsterhöhung auf Erden noch irgendein (*anderes*) Verderbnis begehren. **(28:83)**

مَن كَانَ يُرِيدُ حَرْثَ ٱلْآخِرَةِ نَزِدْ لَهُ فِى حَرْثِهِ وَمَن كَانَ يُرِيدُ حَرْثَ ٱلدُّنْيَا نُؤْتِهِ مِنْهَا وَمَا لَهُ فِى ٱلْآخِرَةِ مِن نَّصِيبٍ ٢٠

Dem, der die Ernte des Jenseits begehrt, vermehren Wir seine Ernte; und dem, der die Ernte dieser Welt begehrt, geben Wir davon, doch am Jenseits wird er keinen Anteil haben. **(42:20)**

وَزُخْرُفاً وَإِن كُلُّ ذَٰلِكَ لَمَّا مَتَاعُ ٱلْحَيَاةِ ٱلدُّنْيَا وَٱلْآخِرَةُ عِندَ رَبِّكَ لِلْمُتَّقِينَ ٣٥

Und Prunk. Doch all das ist nichts (*anderes*) als eine Versorgung für dieses irdische Leben. Und das Jenseits bei deinem Herrn ist den Rechtschaffenen (*vorbehalten*). **(43:35)**

وَفِى ٱلْآخِرَةِ عَذَابٌ شَدِيدٌ وَمَغْفِرَةٌ مِّنَ ٱللَّهِ وَرِضْوَانٌ وَمَا ٱلْحَيَاةُ ٱلدُّنْيَا إِلاَّ مَتَاعُ ٱلْغُرُورِ ٢٠

Und im Jenseits gibt es eine strenge Strafe, aber auch Vergebung von Allah und Wohlgefallen. Und das

diesseitige Leben ist nichts anderes als eine Nutz-
nießung, durch die man sich betören lässt. **(57:20)**

Das Vermögen

وَٱلَّذِينَ يَكْنِزُونَ ٱلذَّهَبَ وَٱلْفِضَّةَ وَلاَ يُنِفِقُونَهَا فِى سَبِيلِ ٱللَّهِ
فَبَشِّرْهُمْ بِعَذَابٍ أَلِيمٍ ٣٤

Und jenen, die Gold und Silber horten und es nicht
für Allahs Weg verwenden - ihnen verheiße
schmerzliche Strafe. **(9:34)**

يَوْمَ يُحْمَىٰ عَلَيْهَا فِى نَارِ جَهَنَّمَ فَتُكْوَىٰ بِهَا جِبَاهُهُمْ وَجُنُوبُهُمْ
وَظُهُورُهُمْ هَـٰذَا مَاكَنَزْتُمْ لِـأَنْفُسِكُمْ فَذُوقُوا۟ مَاكُنتُمْ
تَكْنِزُونَ ٣٥

An dem Tage, da es (*Gold und Silber*) im Feuer der
Jahannam glühend gemacht wird und ihre Stirnen
und ihre Seiten und ihre Rücken damit gebrand-
markt werden, (*wird ihnen gesagt*): "Dies ist, was ihr
für euch selbst gehortet habt; kostet nun, was ihr zu
horten pflegtet." **(9:35)**

Homosexualität

أَتَأْتُونَ ٱلذُّكْرَانَ مِنَ ٱلْعَالَمِينَ ١٦٥ وَتَذَرُونَ مَا خَلَقَ لَكُمْ رَبُّكُمْ مِّنْ أَزْوَاجِكُمْ بَلْ أَنتُمْ قَوْمٌ عَادُونَ ١٦٦

Vergeht ihr euch unter allen Geschöpfen an Männern * und lasst eure Frauen (beiseite), die euer Herr für euch erschaffen hat? Nein, ihr seid ein Volk, das die Schranken überschreitet." **(26:165-166)**

إِنَّكُمْ لَتَأْتُونَ ٱلرِّجَالَ شَهْوَةً مِّن دُونِ ٱلنِّسَآءِ بَلْ أَنْتُمْ قَوْمٌ مُّسْرِفُونَ ٨١

Ihr gebt euch in (eurer) Sinnenlust wahrhaftig mit Männern statt mit Frauen ab. Nein, ihr seid ein ausschweifendes Volk." **(7:81)**

Erhabenheit

وَلِلَّهِ ٱلْعِزَّةُ وَلِرَسُولِهِ وَلِلْمُؤْمِنِينَ وَلَـٰكِنَّ ٱلْمُنَافِقِينَ لاَ يَعْلَمُونَ ٨

Die Würdigkeit nur Allah und Seinem Gesandten
und den Gläubigen zusteht; aber die Heuchler
wissen es nicht. **(63:8)**

مَن كَانَ يُرِيدُ ٱلْعِزَّةَ فَلِلَّهِ ٱلْعِزَّةُ جَمِيعاً إِلَيْهِ يَصْعَدُ ٱلْكَلِمُ ٱلطَّيِّبُ
وَٱلْعَمَلُ ٱلصَّالِحُ يَرْفَعُهُ وَٱلَّذِينَ يَمْكُرُونَ ٱلسَّيِّئَاتِ لَهُمْ عَذَابٌ
شَدِيدٌ

Wer da Erhabenheit begehrt, (*der wisse*), dass alle
Erhabenheit Allah gehört. Zu Ihm steigt das gute
Wort empor, und rechtschaffenes Werk wird es
hochtreiben lassen. Und diejenigen, die Böses
planen - für sie ist eine strenge Strafe (*bestimmt*); und
ihr Planen wird unwirksam sein. **(35:10)**

Berauschendes und Glückspiel

يَسْأَلُونَكَ عَنِ ٱلْخَمْرِ وَٱلْمَيْسِرِ قُلْ فِيهِمَآ إِثْمٌ كَبِيرٌ وَمَنَافِعُ لِلنَّاسِ وَإِثْمُهُمَآ أَكْبَرُ مِن نَّفْعِهِمَا

Sie befragen dich über Berauschendes und Glücksspiel. Sprich: "In beiden liegt großes Übel und Nutzen für die Menschen. Doch ihr Übel ist größer als ihr Nutzen." **(2:219)**

يَـٰٓأَيُّهَا ٱلَّذِينَ آمَنُوٓا إِنَّمَا ٱلْخَمْرُ وَٱلْمَيْسِرُ وَٱلْأَنصَابُ وَٱلْأَزْلَامُ رِجْسٌ مِّنْ عَمَلِ ٱلشَّيْطَانِ فَٱجْتَنِبُوهُ لَعَلَّكُمْ تُفْلِحُونَ ٩٠ إِنَّمَا يُرِيدُ ٱلشَّيْطَانُ أَن يُوقِعَ بَيْنَكُمُ ٱلْعَدَاوَةَ وَٱلْبَغْضَآءَ فِى ٱلْخَمْرِ وَٱلْمَيْسِرِ وَيَصُدَّكُمْ عَن ذِكْرِ ٱللَّهِ وَعَنِ ٱلصَّلَاةِ فَهَلْ أَنْتُمْ مُّنتَهُونَ ٩١

O ihr, die ihr glaubt! Berauschendes, Glücksspiel, Opfersteine und Lospfeile sind ein Gräuel, das Werk Satans. So meidet sie, auf dass ihr erfolgreich seid *; Satan will durch das Berauschende und das Losspiel nur Feindschaft und Hass zwischen euch auslösen, um euch vom Gedenken an Allah und vom Gebet abzuhalten. Werdet ihr euch denn abhalten lassen? **(5:90-91)**

Neid

وَلَا تَتَمَنَّوْاْ مَا فَضَّلَ ٱللَّهُ بِهِ بَعْضَكُمْ عَلَىٰ بَعْضٍ لِّلرِّجَالِ نَصِيبٌ مِّمَّا ٱكْتَسَبُواْ وَلِلنِّسَآءِ نَصِيبٌ مِّمَّا ٱكْتَسَبْنَ وَٱسْأَلُواْ ٱللَّهَ مِن فَضْلِهِ إِنَّ ٱللَّهَ كَانَ بِكُلِّ شَىْءٍ عَلِيمًا ٣٢

Und begehrt nicht das, womit Allah die einen von euch vor den anderen ausgezeichnet hat. Die Männer sollen ihren Anteil nach ihrem Verdienst erhalten, und die Frauen sollen ihren Anteil nach ihrem Verdienst erhalten. Und bittet Allah um Seine Huld. Wahrlich, Allah hat vollkommene Kenntnis von allen Dingen. **(4:32)**

وَلَا تَمُدَّنَّ عَيْنَيْكَ إِلَىٰ مَا مَتَّعْنَا بِهِ أَزْوَاجاً مِّنْهُمْ زَهْرَةَ ٱلْحَيَاةِ ٱلدُّنْيَا لِنَفْتِنَهُمْ فِيهِ وَرِزْقُ رَبِّكَ خَيْرٌ وَأَبْقَىٰ ١٣١

Und richte deinen Blick nicht auf das, was Wir einigen von ihnen zu (*kurzem*) Genuss gewährten den Glanz des irdischen Lebens, um sie dadurch zu prüfen. Denn die Versorgung deines Herrn ist besser und bleibender. **(20:131)**

Jinn

قُلْ أُوحِىَ إِلَىَّ أَنَّهُ ٱسْتَمَعَ نَفَرٌ مِّنَ ٱلْجِنِّ فَقَالُوٓا۟ إِنَّا سَمِعْنَا قُرْآناً

عَجَبا ١ يَهْدِى إِلَى ٱلرُّشْدِ فَآمَنَّا بِهِ وَلَن نُّشْرِكَ بِرَبِّنَآ أَحَدا ٢

Sprich: "Es wurde mir offenbart, dass eine Schar der Jinn zuhörte und dann sagte: »Wahrlich, wir haben einen wunderbaren Qur'an gehört *, der zur Recht-schaffenheit leitet; so haben wir an ihn geglaubt, und wir werden unserem Herrn nie jemanden zur Seite stellen. (72:1-2)

وَأَنَّهُ كَانَ رِجَالٌ مِّنَ ٱلْإِنسِ يَعُوذُونَ بِرِجَالٍ مِّنَ ٱلْجِنِّ فَزَادُوهُمْ

رَهَقا ٦

Und dass freilich einige Leute von den Menschen bei einigen Leuten der Jinn Schutz zu suchen pflegten, so dass sie letztere in ihrer Schlechtigkeit bestärkten (72:6)

وَأَنَّا مِنَّا ٱلْمُسْلِمُونَ وَمِنَّا ٱلْقَاسِطُونَ فَمَنْ أَسْلَمَ فَأُو۟لَٰٓئِكَ تَحَرَّوْا۟

رَشَدا ١٤ وَأَمَّا ٱلْقَاسِطُونَ فَكَانُوا۟ لِجَهَنَّمَ حَطَبا ١٥

Und manche unter uns sind Gottergebene, und manche unter uns sind vom rechten Weg abgewichen. «Und die sich ergeben haben - diese haben den rechten Weg gefunden. * Diejenigen, die aber vom rechten Weg abweichen, werden Brennstoff der Jahannam sein. **(72:14-15)**

Gerechtigkeit

إِنَّ ٱللَّهَ يَأْمُرُكُمْ أَن تُؤَدُّواْ ٱلْأَمَانَاتِ إِلَىٰ أَهْلِهَا وَإِذَا حَكَمْتُمْ
بَيْنَ ٱلنَّاسِ أَن تَحْكُمُواْ بِٱلْعَدْلِ إِنَّ ٱللَّهَ نِعِمَّا يَعِظُكُم بِهِ إِنَّ
ٱللَّهَ كَانَ سَمِيعاً بَصِيرا ٥٨

Wahrlich, Allah befiehlt euch, die anvertrauten
Güter ihren Eigentümern zurückzugeben; und wenn
ihr zwischen Menschen richtet, nach Gerechtigkeit
zu richten. Wahrlich, billig ist, wozu Allah euch
ermahnt. Wahrlich, Allah ist Allhörend, Allsehend.
(4:58)

يَا أَيُّهَا ٱلَّذِينَ آمَنُواْ كُونُواْ قَوَّامِينَ بِٱلْقِسْطِ شُهَدَآءَ لِلَّهِ وَلَوْ عَلَىٰ
أَنْفُسِكُمْ أَوِ ٱلْوَالِدَيْنِ وَٱلْأَقْرَبِينَ إِن يَكُنْ غَنِيّاً أَوْ فَقِيراً فَٱللَّهُ
أَوْلَىٰ بِهِمَا فَلاَ تَتَّبِعُواْ ٱلْهَوَىٰ أَن تَعْدِلُواْ وَإِن تَلْوُواْ أَوْ تُعْرِضُواْ
فَإِنَّ ٱللَّهَ كَانَ بِمَا تَعْمَلُونَ خَبِيرا ١٣٥

O ihr, die ihr glaubt, seid auf der Hut bei der
Wahrnehmung der Gerechtigkeit und seid Zeugen
für Allah, auch dann, wenn es gegen euch selbst
oder gegen Eltern und Verwandte geht. Ob der eine
reich oder arm ist, so ist Allah beiden näher; darum
folgt nicht der persönlichen Neigung, auf dass ihr
gerecht handeln könnt. Und wenn ihr aber (*die*

Wahrheit) verdreht oder euch von (*der Wahrheit*) abwendet, so ist Allah eures Tuns kundig. **(4:135)**

يَا أَيُّهَا ٱلَّذِينَ آمَنُواْ كُونُواْ قَوَّامِينَ لِلَّهِ شُهَدَآءَ بِٱلْقِسْطِ وَلاَ يَجْرِمَنَّكُمْ شَنَآنُ قَوْمٍ عَلَىٰ أَلاَّ تَعْدِلُواْ ٱعْدِلُواْ هُوَ أَقْرَبُ لِلتَّقْوَىٰ وَٱتَّقُواْ ٱللَّهَ إِنَّ ٱللَّهَ خَبِيرٌ بِمَا تَعْمَلُونَ ٨

O ihr, die ihr glaubt! Setzt euch für Allah ein und seid Zeugen der Gerechtigkeit. Und der Hass gegen eine Gruppe soll euch nicht (*dazu*) verleiten, anders als gerecht zu handeln. Seid gerecht, das ist der Gottesfurcht näher. Und fürchtet Allah! Wahrlich, Allah ist eures Tuns kundig. **(5:8)**

إِنَّ ٱللَّهَ يَأْمُرُ بِٱلْعَدْلِ وَٱلْإِحْسَانِ وَإِيتَآءِ ذِى ٱلْقُرْبَىٰ وَيَنْهَىٰ عَنِ ٱلْفَحْشَاءِ وَٱلْمُنْكَرِ وَٱلْبَغْيِ يَعِظُكُمْ لَعَلَّكُمْ تَذَكَّرُونَ ٩٠

Wahrlich, Allah gebietet, gerecht (*zu handeln*), uneigennützig Gutes zu tun und freigebig gegenüber den Verwandten zu sein; und Er verbietet, was schändlich und abscheulich und gewalttätig ist. Er ermahnt euch; vielleicht werdet ihr die Ermahnung annehmen. **(16:90)**

إِنَّ ٱللَّهَ يُحِبُّ ٱلْمُقْسِطِينَ ٩

Wahrlich, Allah liebt die Gerechten. **(49:9)**

Das Töten

مِنْ أَجْلِ ذٰلِكَ كَتَبْنَا عَلَىٰ بَنِى إِسْرَايِيلَ أَنَّهُ مَن قَتَلَ نَفْساً بِغَيْرِ
نَفْسٍ أَوْ فَسَادٍ فِى ٱلْأَرْضِ فَكَأَنَّمَا قَتَلَ ٱلنَّاسَ جَمِيعاً وَمَنْ
أَحْيَاهَا فَكَأَنَّمَا أَحْيَا النَّاسَ جَمِيعاً

Deshalb haben Wir den Kindern Israels verordnet,
dass, wenn jemand einen Menschen tötet, ohne dass
dieser einen Mord begangen hätte, oder ohne dass
ein Unheil im Lande geschehen wäre, es so sein soll,
als hätte er die ganze Menschheit getötet; und wenn
jemand einem Menschen das Leben erhält, es so sein
soll, als hätte er der ganzen Menschheit das Leben
erhalten. **(5:32)**

وَلاَ تَقْتُلُواْ ٱلنَّفْسَ ٱلَّتِى حَرَّمَ ٱللَّهُ إِلاَّ بِٱلْحَقِّ ذٰلِكُمْ وَصَّاكُمْ
بِهِ لَعَلَّكُمْ تَعْقِلُونَ ١٥١

Und ihr sollt niemanden töten, dessen Leben Allah
unverletzlich gemacht hat, außer wenn dies gemäß
dem Recht geschieht. Das ist es, was Er euch geboten
hat, auf dass ihr es begreifen mögt. **(6:151)**

وَلاَ تَقْتُلُواْ ٱلنَّفْسَ ٱلَّتِى حَرَّمَ ٱللَّهُ إِلاَّ بِٱلْحَقِّ وَمَن قُتِلَ مَظْلُوماً

فَقَدْ جَعَلْنَا لِوَلِيِّهِ سُلْطَاناً فَلاَ يُسْرِف فِى ٱلْقَتْلِ إِنَّهُ كَانَ مَنْصُورا

٣٣

Und tötet nicht das Leben, das Allah unverletzlich gemacht hat, es sei denn zu Recht. Und wer da ungerechterweise getötet wird - dessen Erben haben Wir gewiss Ermächtigung (*zur Vergeltung*) gegeben; doch soll er im Töten nicht maßlos sein, denn er findet (*Unsere*) Hilfe. **(17.33)**

Die Freundlichkeit

قَوْلٌ مَّعْرُوفٌ وَمَغْفِرَةٌ خَيْرٌ مِّن صَدَقَةٍ يَتْبَعُهَآ أَذًى وَٱللَّهُ غَنِىٌّ حَلِيمٌ ٢٦٣

Gütige Rede und Verzeihung sind besser als ein Almosen, dem ein Übel folgt; und Allah ist Reich und Milde. **(2:263)**

وَٱعْبُدُواْ ٱللَّهَ وَلاَ تُشْرِكُواْ بِهِ شَيْئاً وَبِٱلْوَالِدَيْنِ إِحْسَاناً وَبِذِى ٱلْقُرْبَىٰ وَٱلْيَتَامَىٰ وَٱلْمَسَاكِينِ وَٱلْجَارِ ذِى ٱلْقُرْبَىٰ وَٱلْجَارِ ٱلْجُنُبِ وَٱلصَّاحِبِ بِٱلْجَنْبِ وَٱبْنِ ٱلسَّبِيلِ وَمَا مَلَكَتْ أَيْمَانُكُمْ إِنَّ ٱللَّهَ لاَ يُحِبُّ مَن كَانَ مُخْتَالاً فَخُورا ٣٦

Und dient Allah und setzt Ihm nichts zur Seite; und seid gut zu den Eltern und zu den Verwandten, den Waisen, den Armen, dem Nachbar, sei er verwandt oder aus der Fremde, dem Begleiter an der Seite, dem Sohn des Weges und zu dem (*Sklaven*), den ihr von Rechts wegen besitzt. Seht, Allah liebt nicht den Hochmütigen und Prahler. **(4:36)**

وَوَصَّيْنَا ٱلْإِنسَانَ بِوَالِدَيْهِ إِحْسَاناً

Und Wir haben dem Menschen anbefohlen, gegen seine Eltern gütig zu sein. **(46:15)**

أَلَمْ يَجِدْكَ يَتِيماً فَآوَىٰ ٦ وَوَجَدَكَ ضَآلاًّ فَهَدَىٰ ٧ وَوَجَدَكَ عَآئِلاً فَأَغْنَىٰ ٨ فَأَمَّا ٱلْيَتِيمَ فَلاَ تَقْهَرْ ٩ وَأَمَّا ٱلسَّآئِلَ فَلاَ تَنْهَرْ ١٠

Hat Er dich nicht als Waise gefunden und aufgenommen *, und dich auf dem Irrweg gefunden und richtig geführt *, und dich dürftig gefunden und reich gemacht? * Was den Waisen angeht, so unterdrücke sie nicht. * Und was den Bittenden angeht, so fahre ihn nicht an. **(93:6-10)**

فَذَٰلِكَ ٱلَّذِى يَدُعُّ ٱلْيَتِيمَ ٢ وَلاَ يَحُضُّ عَلَىٰ طَعَامِ ٱلْمِسْكِينِ ٣ فَوَيْلٌ لِّلْمُصَلِّينَ ٤ ٱلَّذِينَ هُمْ عَن صَلاَتِهِمْ سَاهُونَ ٥ ٱلَّذِينَ هُمْ يُرَآءُونَ ٦ وَيَمْنَعُونَ ٱلْمَاعُونَ ٧

Das ist der, der die Waise wegstößt * und nicht zur Speisung des Armen anspornt. * Wehe denjenigen Betenden *, die (*mit der Verrichtung*) ihres Gebets nachlässig sind *, die (*nur dabei*) gesehen werden wollen *, und die Hilfeleistung verweigern. **(107:2-7)**

Das Wissen

وَلِلَّهِ غَيْبُ ٱلسَّمَاوَاتِ وَٱلْأَرْضِ وَإِلَيْهِ يُرْجَعُ ٱلْأَمْرُ كُلُّهُ فَٱعْبُدْهُ

وَتَوَكَّلْ عَلَيْهِ وَمَا رَبُّكَ بِغَافِلٍ عَمَّا تَعْمَلُونَ ١٢٣

Und Allahs ist das Verborgene in den Himmeln und
auf der Erde, zu Ihm werden alle Angelegenheiten
zurückgebracht werden. So bete Ihn an und vertraue
auf Ihn; und dein Herr ist nicht achtlos eures Tuns.
(11:123)

وَلَمَّا بَلَغَ أَشُدَّهُ آتَيْنَاهُ حُكْماً وَعِلْماً وَكَذَلِكَ نَجْزِى ٱلْمُحْسِنِينَ ٢٢

Und als er zum Mann heranwuchs, verliehen Wir
ihm Weis- heit und Wissen. Und so belohnen Wir
diejenigen, die Gutes tun. **(12:22)**

وَفَوْقَ كُلِّ ذِى عِلْمٍ عَلِيمٌ ٧٦

Und über jedem, der Wissen hat, ist der Eine, Der
noch mehr weiß. **(12:76)**

وَأَلْقَىٰ فِى ٱلْأَرْضِ رَوَاسِىَ أَن تَمِيدَ بِكُمْ وَأَنْهَاراً وَسُبُلاً

لَعَلَّكُمْ تَهْتَدُونَ ١٥ وَعَلامَاتٍ وَبِٱلنَّجْمِ هُمْ يَهْتَدُونَ ١٦

Und Er hat feste Berge auf der Erde gegründet, damit sie nicht mit euch wanke, und Flüsse und Wege, damit ihr recht gehen mögt *; und (*Er hat*) Wegzeichen (*erschaffen*); und durch die Gestirne finden sie die Richtung. **(16:15-16)**

أَوَلَمْ يَرَ ٱلَّذِينَ كَفَرُوٓاْ أَنَّ ٱلسَّمَاوَاتِ وَٱلْأَرْضَ كَانَتَا رَتْقاً فَفَتَقْنَاهُمَا وَجَعَلْنَا مِنَ ٱلْمَآءِ كُلَّ شَىْءٍ حَىٍّ أَفَلاَ يُؤْمِنُونَ ٣٠

Haben die Ungläubigen nicht gesehen, dass die Himmel und die Erde eine Einheit waren, die Wir dann zerteilten? Und Wir machten aus dem Wasser alles Lebendige. Wollen sie denn nicht glauben? **(21:30)**

ٱلْخَبِيثَاتُ لِلْخَبِيثِينَ وَٱلْخَبِيثُونَ لِلْخَبِيثَاتِ وَٱلطَّيِّبَاتُ لِلطَّيِّبِينَ وَٱلطَّيِّبُونَ لِلطَّيِّبَاتِ

Schlechte Frauen sind für schlechte Männer, und schlechte Männer sind für schlechte Frauen. Und gute Frauen sind für gute Männer, und gute Männer sind für gute Frauen; sie sind frei von all dem, was sie (*die Verleumder*) sagen. Auf sie wartet Vergebung und eine ehrenvolle Versorgung. **(24:26)**

بَلْ هُوَ آيَاتٌ بَيِّنَاتٌ فِى صُدُورِ ٱلَّذِينَ أُوتُواْ ٱلْعِلْمَ

Nein, es sind klare Zeichen in den Herzen derer, denen das Wissen gegeben wurde. Es gibt keinen, der Unsere Zeichen leugnet außer den Ungerechten. **(29:49)**

وَيَرَى ٱلَّذِينَ أُوتُوا۟ ٱلْعِلْمَ ٱلَّذِىٓ أُنزِلَ إِلَيْكَ مِن رَّبِّكَ هُوَ ٱلْحَقَّ وَيَهْدِىٓ إِلَىٰ صِرَٰطِ ٱلْعَزِيزِ ٱلْحَمِيدِ ٦

Und die, denen das Wissen gegeben wurde, sehen, dass das, was dir von deinem Herrn offenbart worden ist, die Wahrheit ist und zum Weg des Allmächtigen, des Preiswürdigen leitet. **(34:6)**

وَلَوْ بَسَطَ ٱللَّهُ ٱلرِّزْقَ لِعِبَادِهِ لَبَغَوْا۟ فِى ٱلْأَرْضِ وَلَـٰكِن يُنَزِّلُ بِقَدَرٍ مَّا يَشَآءُ إِنَّهُۥ بِعِبَادِهِۦ خَبِيرٌۢ بَصِيرٌ ٢٧

Und wenn Allah die Mittel zum Unterhalt für Seine Diener erweitern würde, so würden sie übermütig auf Erden sein; doch Er sendet (*Seine Gaben*) in dem Maße hinab, wie Er es will; denn Er kennt und durchschaut Seine Diener recht wohl. **(42:27)**

مَآ أَصَابَ مِن مُّصِيبَةٍ إِلَّا بِإِذْنِ ٱللَّهِ وَمَن يُؤْمِنۢ بِٱللَّهِ يَهْدِ قَلْبَهُۥ وَٱللَّهُ بِكُلِّ شَىْءٍ عَلِيمٌ ١١

Kein Unglück trifft ein, es sei denn mit Allahs Erlaubnis. Und wer an Allah glaubt, dem leitet Er sein Herz. Und Allah weiß alle Dinge. **(64:11)**

فَإِنَّ مَعَ ٱلْعُسْرِ يُسْرا ٥ إِنَّ مَعَ ٱلْعُسْرِ يُسْرا ٦ فَإِذَا فَرَغْتَ فَٱنصَبْ ٧

Und, wahrlich, mit der Drangsal geht Erleichterung einher *; wahrlich, mit der Drangsal geht Erleichterung einher. * Und, wenn du (*mit etwas*) fertig bist, dann bemühe dich (*auch weiterhin*). **(94:5-7)**

Die Zauberei

وَلَقَدْ عَلِمُواْ لَمَنِ ٱشْتَرَاهُ مَا لَهُ فِى ٱلآخِرَةِ مِنْ خَلاَقٍ وَلَبِئْسَ مَا شَرَوْاْ بِهِ أَنْفُسَهُمْ لَوْ كَانُواْ يَعْلَمُونَ ١٠٢

Und doch wussten sie, dass, wer es erkauft, keinen Anteil am Jenseits hat. Schlecht ist das wahrlich, wofür sie ihre Seelen verkauft haben, hätten sie es (*nur*) gewusst! **(2:102)**

* * *

Die Habsucht

وَمَن يُوقَ شُحَّ نَفْسِهِ فَأُوْلَـٰئِكَ هُمُ ٱلْمُفْلِحُونَ ٩

Und wer vor seiner eigenen Habsucht bewahrt ist - das sind die Erfolgreichen. **(59:9)**

Spotten und üble Nachrede

يَٰٓأَيُّهَا ٱلَّذِينَ ءَامَنُوا۟ لَا يَسْخَرْ قَوْمٌ مِّن قَوْمٍ عَسَىٰٓ أَن يَكُونُوا۟ خَيْرًا مِّنْهُمْ وَلَا نِسَآءٌ مِّن نِّسَآءٍ عَسَىٰٓ أَن يَكُنَّ خَيْرًا مِّنْهُنَّ وَلَا تَلْمِزُوٓا۟ أَنفُسَكُمْ وَلَا تَنَابَزُوا۟ بِٱلْأَلْقَٰبِ بِئْسَ ٱلِٱسْمُ ٱلْفُسُوقُ بَعْدَ ٱلْإِيمَٰنِ وَمَن لَّمْ يَتُبْ فَأُو۟لَٰٓئِكَ هُمُ ٱلظَّٰلِمُونَ ١١

O ihr, die ihr glaubt! Lasst nicht eine Schar über die andere spotten, vielleicht ist diese besser als jene; noch (*lasst*) Frauen über (*andere*) Frauen (*spotten*), vielleicht sind diese besser als jene. Und verleumdet einander nicht und gebt einander keine Schimpf-namen. Schlimm ist die Bezeichnung der Sünd-haftigkeit, nachdem man den Glauben (*angenommen*) hat, und jene, die nicht umkehren - das sind die Ungerechten. **(49:11)**

يَٰٓأَيُّهَا ٱلَّذِينَ ءَامَنُوا۟ ٱجْتَنِبُوا۟ كَثِيرًا مِّنَ ٱلظَّنِّ إِنَّ بَعْضَ ٱلظَّنِّ إِثْمٌ وَلَا تَجَسَّسُوا۟ وَلَا يَغْتَب بَّعْضُكُم بَعْضًا

O ihr, die ihr glaubt! Vermeidet häufigen Argwohn; denn mancher Argwohn ist Sünde. Und spioniert nicht und führt keine üble Nachrede übereinander. **(49:12)**

وَلاَ تُصَعِّرْ خَدَّكَ لِلنَّاسِ وَلاَ تَمْشِ فِى ٱلْأَرْضِ مَرَحاً إِنَّ ٱللَّهَ لاَ يُحِبُّ كُلَّ مُخْتَالٍ فَخُورٍ ١٨

Und weise den Menschen nicht verächtlich deine Wange und schreite nicht ausgelassen (*in Übermut*) auf Erden; denn Allah liebt keine eingebildeten Prahler. **(31:18)**

Die Nacht der Bestimmung

لَيْلَةُ ٱلْقَدْرِ خَيْرٌ مِّنْ أَلْفِ شَهْرٍ ٣ تَنَزَّلُ ٱلْمَلاَئِكَةُ وَٱلرُّوحُ فِيهَا بِإِذْنِ رَبِّهِم مِّن كُلِّ أَمْرٍ ٤ سَلاَمٌ هِىَ حَتَّىٰ مَطْلَعِ ٱلْفَجْرِ ٥

Die Nacht von Al-Qadr ist besser als tausend Monate. * In ihr steigen die Engel und Gabriel herab mit der Erlaubnis ihres Herrn zu jeglichem Geheiß. * Frieden ist sie bis zum Anbruch des Frühlichts. **(97:3-5)**

Das Gelübde

مِّنَ ٱلْمُؤْمِنِينَ رِجَالٌ صَدَقُوا۟ مَا عَاهَدُوا۟ ٱللَّهَ عَلَيْهِ فَمِنْهُم مَّن

قَضَىٰ نَحْبَهُ وَمِنْهُم مَّن يَنتَظِرُ وَمَا بَدَّلُوا۟ تَبْدِيلاً ٢٣

Unter den Gläubigen sind Leute, die dem Bündnis, das sie mit Allah geschlossen hatten, die Treue hielten. Es sind welche unter ihnen, die ihr Gelübde erfüllt haben, und welche, die noch warten, und sie haben nichts verändert, nicht im Geringsten. **(33:23)**

إِنَّ ٱلَّذِينَ يُبَايِعُونَكَ إِنَّمَا يُبَايِعُونَ ٱللَّهَ يَدُ ٱللَّهِ فَوْقَ أَيْدِيهِمْ فَمَن

نَّكَثَ فَإِنَّمَا يَنكُثُ عَلَىٰ نَفْسِهِ وَمَنْ أَوْفَىٰ بِمَا عَاهَدَ عَلَيْهِ ٱللَّهَ

فَسَيُؤْتِيهِ أَجْراً عَظِيما ١٠

Wahrlich, diejenigen, die dir huldigen - sie huldigen in der Tat nur Allah; die Hand Allahs ist über ihren Händen. Und wer daher den Eid bricht, bricht ihn zu seinem eigenen Schaden; dem aber, der das hält, wozu er sich Allah gegenüber verpflichtet hat, wird Er einen gewaltigen Lohn geben. **(48:10)**

بَلَىٰ مَنْ أَوْفَىٰ بِعَهْدِهِ وَاتَّقَى فَإِنَّ اللَّهَ يُحِبُّ الْمُتَّقِينَ ٧٦

Wer jedoch seiner Verpflichtung nachkommt und gottesfürchtig ist - siehe, Allah liebt die Gottesfürchtigen. **(3:76)**

Die Unterdrückung

وَٱلْفِتْنَةُ أَشَدُّ مِنَ ٱلْقَتْلِ

Und die Verführung (*zum Unglauben*) ist schlimmer als Töten. **(2:191)**

وَنُرِيدُ أَن نَّمُنَّ عَلَى ٱلَّذِينَ ٱسْتُضْعِفُوا۟ فِى ٱلْأَرْضِ وَنَجْعَلَهُمْ أَئِمَّةً وَنَجْعَلَهُمُ ٱلْوَارِثِينَ ۚ

Und Wir wollten denen, die im Lande als schwach erachtet wurden, Huld erweisen und sie zu Führern machen und zu Erben einsetzen. **(28:5)**

إِنَّمَا ٱلسَّبِيلُ عَلَى ٱلَّذِينَ يَظْلِمُونَ ٱلنَّاسَ وَيَبْغُونَ فِى ٱلْأَرْضِ بِغَيْرِ ٱلْحَقِّ أُو۟لَـٰئِكَ لَهُمْ عَذَابٌ أَلِيمٌ ۚ

Tadel trifft nur solche, die den Menschen Unrecht zufügen und auf Erden ohne Rechtfertigung freveln. Ihnen wird eine schmerzliche Strafe zuteil sein. **(42:42)**

Die Waisen

أَلَمْ يَجِدْكَ يَتِيماً فَآوَىٰ ٦ وَوَجَدَكَ ضَآلاًّ فَهَدَىٰ ٧ وَوَجَدَكَ

عَآئِلاً فَأَغْنَىٰ ٨ فَأَمَّا ٱلْيَتِيمَ فَلاَ تَقْهَرْ ٩ وَأَمَّا ٱلسَّآئِلَ فَلاَ

تَنْهَرْ ١٠

Hat Er dich nicht als Waise gefunden und aufgenommen *, und dich auf dem Irrweg gefunden und
richtig geführt *, und dich dürftig gefunden und
reich gemacht? * Was den Waisen angeht, so unterdrücke sie nicht. * Und was den Bittenden angeht, so
fahre ihn nicht an! **(93:6-10)**

كَلاَّ بَل لاَّ تُكْرِمُونَ ٱلْيَتِيمَ ١٧ وَلاَ تَحَاضُّونَ عَلَىٰ طَعَامِ

ٱلْمِسْكِينِ ١٨

Nein, ihr seid nicht freigebig gegen die Waise * und
treibt einander nicht an, den Armen zu speisen.
(89:17-18)

* * *

Das Paradies

ٱلۡأَخِلَّاءُ يَوۡمَئِذٍ بَعۡضُهُمۡ لِبَعۡضٍ عَدُوٌّ إِلَّا ٱلۡمُتَّقِينَ ٦٧ يَٰعِبَادِ لَا

خَوۡفٌ عَلَيۡكُمُ ٱلۡيَوۡمَ وَلَا أَنتُمۡ تَحۡزَنُونَ ٦٨ ٱلَّذِينَ آمَنُواْ بِآيَاتِنَا

وَكَانُواْ مُسۡلِمِينَ ٦٩ ٱدۡخُلُواْ ٱلۡجَنَّةَ أَنتُمۡ وَأَزۡوَاجُكُمۡ تُحۡبَرُونَ ٧٠

Die Freunde werden an jenem Tage Einer des
Anderen Feind sein, außer den Gottesfürchtigen. *
"O Meine Diener, keine Furcht soll euch an diesem
Tage bedrücken, noch sollt ihr traurig sein *; ihr, die
ihr an Unsere Zeichen glaubtet und (*Uns*) ergeben
wart. * Tretet in das Paradies ein, ihr und eure
Gattinnen, (*und seid*) glückselig!" **(43:67-70)**

إِنَّ ٱلَّذِينَ قَالُواْ رَبُّنَا ٱللَّهُ ثُمَّ ٱسۡتَقَامُواْ فَلَا خَوۡفٌ عَلَيۡهِمۡ وَلَا هُمۡ

يَحۡزَنُونَ ١٣ أُوْلَٰئِكَ أَصۡحَابُ ٱلۡجَنَّةِ خَالِدِينَ فِيهَا جَزَآءً بِمَا

كَانُواْ يَعۡمَلُونَ ١٤

Wahrlich, die da sagen: "Unser Herr ist Allah." Und
danach aufrichtig bleiben - keine Furcht soll über sie
kommen, noch sollen sie traurig sein *; diese sind
die Bewohner des Paradieses; darin sollen sie auf
ewig verweilen, als Belohnung für das, was sie zu
tun pflegten. **(46:13-14)**

لِيُدْخِلَ ٱلْمُؤْمِنِينَ وَٱلْمُؤْمِنَاتِ جَنَّاتٍ تَجْرِى مِن تَحْتِهَا ٱلْأَنْهَارُ خَالِدِينَ فِيهَا وَيُكَفِّرَ عَنْهُمْ سَيِّئَاتِهِمْ وَكَانَ ذَلِكَ عِندَ ٱللَّهِ فَوْزاً عَظِيماً ٥

Auf dass Er die gläubigen Männer und die gläubigen Frauen einführe in Gärten, durch die Bäche fließen, um ewig darin zu verweilen, und auf dass Er ihre Missetaten von ihnen nehme - und das ist vor Allah ein großer Gewinn. (48:5)

وَمَن يُطِعِ ٱللَّهَ وَرَسُولَهُ يُدْخِلْهُ جَنَّاتٍ تَجْرِى مِن تَحْتِهَا ٱلْأَنْهَارُ وَمَن يَتَوَلَّ يُعَذِّبْهُ عَذَاباً أَلِيماً ١٧

Und den, der Allah und Seinem Gesandten gehorcht, wird Er in Gärten führen, durch die Bäche fließen; doch den, der (*Ihm*) den Rücken kehrt, wird Er mit schmerzlicher Strafe bestrafen. (48:17)

وَأُزْلِفَتِ ٱلْجَنَّةُ لِلْمُتَّقِينَ غَيْرَ بَعِيدٍ ٣١ هَـٰذَا مَا تُوعَدُونَ لِكُلِّ أَوَّابٍ حَفِيظٍ ٣٢ مَّنْ خَشِيَ ٱلرَّحْمَـٰنَ بِٱلْغَيْبِ وَجَآءَ بِقَلْبٍ مُّنِيبٍ ٣٣ ٱدْخُلُوهَا بِسَلَامٍ ذَلِكَ يَوْمُ ٱلْخُلُودِ ٣٤ لَهُم مَّا يَشَآءُونَ فِيهَا وَلَدَيْنَا مَزِيدٌ ٣٥

Und das Paradies wird den Gottesfürchtigen nahe gerückt, (*und es ist*) nicht länger fern. * "Das ist es, was jedem von euch verheißen wurde, der reumütig war und sich in Acht nahm *; der den Allerbarmer im geheimen fürchtete und mit reuigem Herzen (*zu Ihm*) kam. * Geht darin (*ins Paradies*) ein in Frieden. Dies ist der Tag der Ewigkeit." * Sie haben darin, was immer sie begehren, und bei Uns ist noch weit mehr. **(50:31-35)**

سَابِقُوٓاْ إِلَىٰ مَغْفِرَةٍ مِّن رَّبِّكُمْ وَجَنَّةٍ عَرْضُهَا كَعَرْضِ ٱلسَّمَآءِ وَٱلْأَرْضِ أُعِدَّتْ لِلَّذِينَ آمَنُواْ بِٱللَّهِ وَرُسُلِهِ ذَٰلِكَ فَضْلُ ٱللَّهِ يُؤْتِيهِ مَن يَشَآءُ وَٱللَّهُ ذُو ٱلْفَضْلِ ٱلْعَظِيمِ ٢١

Wetteifert denn miteinander um die Vergebung eures Herrn und um das Paradies, dessen Größe gleich der Größe des Himmels und der Erde ist. (*Es ist für*) jene bereitet, die an Allah und Seine Gesandten glauben. Das ist Allahs Huld; Er gewährt sie, wem Er will. Und Allah verfügt über die große Huld. **(57:21)**

تُؤْمِنُونَ بِٱللَّهِ وَرَسُولِهِ وَتُجَاهِدُونَ فِي سَبِيلِ ٱللَّهِ بِأَمْوَالِكُمْ وَأَنفُسِكُمْ ذَٰلِكُمْ خَيْرٌ لَّكُمْ إِن كُنتُمْ تَعْلَمُونَ ١١ يَغْفِرْ لَكُمْ ذُنُوبَكُمْ وَيُدْخِلْكُمْ جَنَّاتٍ تَجْرِى مِن تَحْتِهَا ٱلْأَنْهَارُ

وَمَسَاكِنَ طَيِّبَةً فِي جَنَّاتِ عَدْنٍ ذَٰلِكَ ٱلْفَوْزُ ٱلْعَظِيمُ ١٢

Ihr sollt an Allah und an Seinen Gesandten glauben und euch für Allahs Sache mit eurem Gut und eurem Blut eifrig einsetzen. Das ist besser für euch, wenn ihr es nur wüsstet. * Er wird euch eure Sünden vergeben und euch in Gärten führen, durch die Bäche fließen, und in gute Wohnungen in den Gärten von Eden. Das ist die große Glückseligkeit. (61:11-12)

وَمَن يُؤْمِن بِٱللَّهِ وَيَعْمَلْ صَالِحاً يُدْخِلْهُ جَنَّاتٍ تَجْرِى مِن تَحْتِهَا ٱلْأَنْهَارُ خَالِدِينَ فِيهَا أَبَداً قَدْ أَحْسَنَ ٱللَّهُ لَهُ رِزْقا ١١

Und den, der an Allah glaubt und recht handelt, wird Er in Gärten führen, durch die Bäche fließen, worin (er) auf ewig verweilen wird. Allah hat ihm wahrlich eine treffliche Versorgung gewährt. (65:11)

إِنَّ لِلْمُتَّقِينَ مَفَازا ٣١ حَدَآئِقَ وَأَعْنَابا ٣٢ وَكَوَاعِبَ أَتْرَابا ٣٣ وَكَأْساً دِهَاقا ٣٤ لاَّ يَسْمَعُونَ فِيهَا لَغْواً وَلاَ كِذَّاباً ٣٥ جَزَآءً مِّن رَّبِّكَ عَطَآءً حِسَابا ٣٦

Wahrlich, für die Gottesfürchtigen gibt es einen Gewinn *: Gärten und Beerengehege * und Mädchen mit schwellenden Brüsten, Altersgenossinnen * und übervolle Schalen. * Dort hören sie weder Geschwätz noch Lüge *; (*dies ist*) ein Lohn von deinem Herrn - eine angemessene Gabe. **(78:31-36)**

Die Eltern

وَقَضَىٰ رَبُّكَ أَلَّا تَعْبُدُوٓاْ إِلَّآ إِيَّاهُ وَبِٱلْوَالِدَيْنِ إِحْسَاناً إِمَّا يَبْلُغَنَّ
عِندَكَ ٱلْكِبَرَ أَحَدُهُمَآ أَوْ كِلَاهُمَا فَلاَ تَقُل لَّهُمَآ أُفٍّ وَلاَ
تَنْهَرْهُمَا وَقُل لَّهُمَا قَوْلاً كَرِيماً ٢٣

Und dein Herr hat befohlen: "Verehrt keinen außer
Ihm, und (*erweist*) den Eltern Güte. Wenn ein Eltern-
teil oder beide bei dir ein hohes Alter erreichen, so
sage dann nicht »Pfui!« zu ihnen und fahre sie nicht
an, sondern sprich zu ihnen in ehrerbietiger Weise!
(17:23)

وَٱخْفِضْ لَهُمَا جَنَاحَ ٱلذُّلِّ مِنَ ٱلرَّحْمَةِ وَقُل رَّبِّ ٱرْحَمْهُمَا كَمَا
رَبَّيَانِى صَغِيراً ٢٤

Und senke für sie in Barmherzigkeit den Flügel der
Demut und sprich: «Mein Herr, erbarme Dich ihrer
(*ebenso mitleidig*), wie sie mich als Kleines aufgezo-
gen haben.» **(17:24)**

Die Standhaftigkeit und das Gebet

وَٱسْتَعِينُواْ بِٱلصَّبْرِ وَٱلصَّلَوٰةِ وَإِنَّهَا لَكَبِيرَةٌ إِلَّا عَلَى ٱلْخَاشِعِينَ ٤٥ ٱلَّذِينَ يَظُنُّونَ أَنَّهُم مُّلَاقُواْ رَبِّهِمْ وَأَنَّهُمْ إِلَيْهِ رَاجِعُونَ ٤٦

Und helft euch durch Geduld und Gebet; dies ist wahrlich schwer, außer für Demütige *, welche ahnen, dass sie ihrem Herrn begegnen und zu Ihm heimkehren werden. (2:45-46)

يَـٰٓأَيُّهَا ٱلَّذِينَ ءَامَنُواْ ٱسْتَعِينُواْ بِٱلصَّبْرِ وَٱلصَّلَوٰةِ إِنَّ ٱللَّهَ مَعَ ٱلصَّابِرِينَ ١٥٣

O ihr, die ihr glaubt, sucht Hilfe in der Geduld und im Gebet; wahrlich Allah ist mit den Geduldigen. (2:153)

وَلَنَبْلُوَنَّكُم بِشَىْءٍ مِّنَ ٱلْخَوْفِ وَٱلْجُوعِ وَنَقْصٍ مِّنَ ٱلْأَمْوَالِ وَٱلْأَنفُسِ وَٱلثَّمَرَٰتِ وَبَشِّرِ ٱلصَّابِرِينَ ١٥٥

Und gewiss werden Wir euch prüfen durch etwas Angst, Hunger und Minderung an Vermögen, Menschenleben und Früchten. Doch verkünde den Geduldigen eine frohe Botschaft! (2:155)

وَٱصْبِرْ فَإِنَّ ٱللَّهَ لاَ يُضِيعُ أَجْرَ ٱلْمُحْسِنِينَ ١١٥

Und sei geduldig; denn wahrlich, Allah lässt den Lohn der Rechtschaffenen nicht verloren gehen. **(11:115)**

أُوْلَـٰئِكَ يُؤْتُونَ أَجْرَهُم مَّرَّتَيْنِ بِمَا صَبَرُواْ وَيَدْرَءُونَ بِٱلْحَسَنَةِ ٱلسَّيِّئَةَ وَمِمَّا رَزَقْنَاهُمْ يُنفِقُونَ ٥٤

Diese werden ihren Lohn zweimal erhalten, weil sie geduldig waren und das Böse durch das Gute abwehrten und von dem spendeten, was Wir ihnen gegeben hatten. **(28:54)**

قُلْ يِعِبَادِ ٱلَّذِينَ آمَنُواْ ٱتَّقُواْ رَبَّكُمْ لِلَّذِينَ أَحْسَنُواْ فِى هَـٰذِهِ ٱلدُّنْيَا حَسَنَةٌ وَأَرْضُ ٱللَّهِ وَاسِعَةٌ إِنَّمَا يُوَفَّى ٱلصَّابِرُونَ أَجْرَهُم بِغَيْرِ حِسَابٍ ١٠

Sprich: "O Meine Diener, die ihr gläubig seid, fürchtet euren Herrn. Für diejenigen, die in dieser Welt Gutes tun, ist Gutes (*bestimmt*). Und Allahs Erde ist weit. Wahrlich, den Geduldigen wird ihr Lohn (*von Allah*) ohne zu rechnen gewährt werden." **(39:10)**

فَٱصْبِرْ إِنَّ وَعْدَ ٱللَّهِ حَقٌّ وَٱسْتَغْفِرْ لِذَنبِكَ وَسَبِّحْ بِحَمْدِ رَبِّكَ

بِٱلْعَشِيِّ وَٱلْإِبْكَارِ ٥٥

So sei denn geduldig. Wahrlich, die Verheißung
Allahs ist wahr. Und suche Vergebung für deine
Missetaten und lobpreise deinen Herrn am Abend
und am Morgen. **(40:55)**

وَلَمَنْ صَبَرَ وَغَفَرَ إِنَّ ذٰلِكَ لَمِنْ عَزْمِ ٱلْأُمُورِ ٤٣

Und wahrlich, wer geduldig ist und vergibt - das ist
gewiss eine Tugend der Entschlossenheit in allen
Dingen. **(42:43)**

Das Gebet und die Spende

وَأَقِيمُواْ ٱلصَّلَاةَ وَآتُواْ ٱلزَّكَاةَ وَٱرْكَعُواْ مَعَ ٱلرَّاكِعِينَ ٤٣

Und verrichtet das Gebet und entrichtet die Zakah und verneigt euch mit den Sich-Verneigenden. **(2:43)**

وَأَقِيمُواْ ٱلصَّلَاةَ وَآتُواْ ٱلزَّكَاةَ وَمَا تُقَدِّمُواْ لِأَنْفُسِكُم مِّنْ خَيْرٍ تَجِدُوهُ عِندَ ٱللَّهِ إِنَّ ٱللَّهَ بِمَا تَعْمَلُونَ بَصِيرٌ ١١٠

Und verrichtet das Gebet und gebt die Zakah, und was ihr für euch an Gutem vorausschickt, das werdet ihr bei Allah vorfinden. Wahrlich! Allah sieht wohl, was ihr tut. **(2:110)**

إِنَّمَا ٱلصَّدَقَاتُ لِلْفُقَرَآءِ وَٱلْمَسَاكِينِ وَٱلْعَامِلِينَ عَلَيْهَا وَٱلْمُؤَلَّفَةِ قُلُوبُهُمْ وَفِي ٱلرِّقَابِ وَٱلْغَارِمِينَ وَفِي سَبِيلِ ٱللَّهِ وَٱبْنِ ٱلسَّبِيلِ فَرِيضَةً مِّنَ ٱللَّهِ وَٱللَّهُ عَلِيمٌ حَكِيمٌ ٦٠

Wahrlich, die Almosen sind nur für die Armen und Bedürftigen und für die mit der Verwaltung (*der Almosen*) Beauftragten und für die, deren Herzen gewonnen werden sollen, und für die (*Befreiung von*) Sklaven und für die Schuldner, und für die Sache

Allahs und für den Sohn des Weges; (*dies ist*) eine Vorschrift von Allah. Und Allah ist Allwissend, Allweise. **(9:60)**

وَلَيَنصُرَنَّ ٱللَّهُ مَن يَنصُرُهُ إِنَّ ٱللَّهَ لَقَوِيٌّ عَزِيزٌ ٤٠ ٱلَّذِينَ إِن مَّكَّنَّاهُمْ فِى ٱلْأَرْضِ أَقَامُواْ ٱلصَّلَوٰةَ وَءَاتَوُاْ ٱلزَّكَوٰةَ وَأَمَرُواْ بِٱلْمَعْرُوفِ وَنَهَوْاْ عَنِ ٱلْمُنكَرِ وَلِلَّهِ عَاقِبَةُ ٱلْأُمُورِ ٤١

Und Allah wird gewiss dem zum Sieg verhelfen, der für Seinen Sieg eintritt. Allah ist wahrlich Allmächtig, Erhaben. * Jenen, die, wenn Wir ihnen auf Erden die Oberhand gegeben haben, das Gebet verrichten und die Zakah entrichten und Gutes gebieten und Böses verbieten, (*steht Allah bei*). Und Allah bestimmt den Ausgang aller Dinge. **(22:40-41)**

فَأَقِيمُواْ ٱلصَّلَوٰةَ وَءَاتُواْ ٱلزَّكَوٰةَ وَٱعْتَصِمُواْ بِٱللَّهِ هُوَ مَوْلَاكُمْ فَنِعْمَ ٱلْمَوْلَىٰ وَنِعْمَ ٱلنَّصِيرُ ٧٨

Also verrichtet das Gebet und entrichtet die Zakah und haltet an Allah fest. Er ist euer Beschützer, ein vortrefflicher Beschützer und ein vortrefflicher Helfer! **(22:78)**

وَأَقِيمُواْ ٱلصَّلَوٰةَ وَءَاتُواْ ٱلزَّكَوٰةَ وَأَطِيعُواْ ٱلرَّسُولَ لَعَلَّكُمْ

تُرْحَمُونَ ٥٦

Und verrichtet das Gebet und entrichtet die Zakah und gehorcht dem Gesandten, auf dass ihr Barmherzigkeit empfangen mögt. **(24:56)**

وَمَا خَلَقْتُ ٱلْجِنَّ وَٱلْإِنسَ إِلاَّ لِيَعْبُدُونِ ٥٦

Und Ich habe die Jinn und die Menschen nur darum erschaffen, damit sie Mir dienen. **(51:56)**

إِنَّ ٱلْإِنسَانَ خُلِقَ هَلُوعا ١٩ إِذَا مَسَّهُ ٱلشَّرُّ جَزُوعا ٢٠ وَإِذَا مَسَّهُ ٱلْخَيْرُ مَنُوعا ٢١ إِلاَّ ٱلْمُصَلِّينَ ٢٢ ٱلَّذِينَ هُمْ عَلَى صَلَاتِهِمْ دَآئِمُونَ ٢٣ وَٱلَّذِينَ فِي أَمْوَالِهِمْ حَقٌّ مَّعْلُومٌ ٢٤ لِّلسَّآئِلِ وَٱلْمَحْرُومِ ٢٥ وَٱلَّذِينَ يُصَدِّقُونَ بِيَوْمِ ٱلدِّينِ ٢٦ وَٱلَّذِينَ هُم مِّنْ عَذَابِ رَبِّهِم مُّشْفِقُونَ ٢٧ إِنَّ عَذَابَ رَبِّهِمْ غَيْرُ مَأْمُونٍ ٢٨ وَٱلَّذِينَ هُمْ لِفُرُوجِهِمْ حَافِظُونَ ٢٩ إِلاَّ عَلَى أَزْوَاجِهِمْ أَوْ مَا مَلَكَتْ أَيْمَانُهُمْ فَإِنَّهُمْ غَيْرُ مَلُومِينَ ٣٠ فَمَنِ ٱبْتَغَى وَرَآءَ ذَلِكَ فَأُوْلَئِكَ هُمُ ٱلْعَادُونَ ٣١ وَٱلَّذِينَ هُمْ لِأَمَانَاتِهِمْ وَعَهْدِهِمْ رَاعُونَ ٣٢ وَٱلَّذِينَ هُم بِشَهَادَاتِهِمْ قَائِمُونَ ٣٣ وَٱلَّذِينَ هُمْ عَلَى

صَلَاتِهِمْ يُحَافِظُونَ ٣٤ أُوْلَـٰئِكَ فِى جَنَّاتٍ مُّكْرَمُونَ ٣٥

Wahrlich, der Mensch ist (*seiner Natur nach*) klein-
mütig erschaffen worden. * Wenn ihn ein Unheil
trifft, so gerät er in große Panik *, doch wenn ihm
(*etwas*) Gutes zukommt, ist er geizig. * Nicht so sind
diejenigen, die beten * und (*die Verrichtung*) ihrer
Gebete einhalten *, und die, in deren Vermögen ein
bestimmter Anteil ist * für den Bittenden und den
Unbemittelten *, und die, die an den Tag des
Gerichts glauben *, und die, die vor der Strafe ihres
Herrn besorgt sind *; wahrlich die Strafe ihres Herrn
ist nichts, wovor man sicher sein könnte *; und die,
die ihre Scham bewahren *, außer bei ihren Gattinn-
en oder denen, die sie von Rechts wegen besitzen;
denn da sind sie nicht zu tadeln. * Diejenigen aber,
die darüber hinaus etwas suchen, das sind die Übertreter. * Und die, die mit dem ihnen anvertrauten
Gut redlich umgehen und erfüllen, wozu sie sich
verpflichtet haben *, und die, die in ihrer Zeugen-
aussage aufrichtig sind *, und die, die ihr Gebet
getreulich verrichten *; diese sind es, die in den
Gärten hoch geehrt sein werden. **(70:19-35)**

مَا سَلَكَكُمْ فِى سَقَرَ ٤٢ قَالُواْ لَمْ نَكُ مِنَ ٱلْمُصَلِّينَ ٤٣ وَلَمْ نَكُ
نُطْعِمُ ٱلْمِسْكِينَ ٤٤ وَكُنَّا نَخُوضُ مَعَ ٱلْخَآئِضِينَ ٤٥ وَكُنَّا
نُكَذِّبُ بِيَوْمِ ٱلدِّينِ ٤٦

147

"Was hat euch in Saqar gebracht?" * Sie sagen: "Wir waren nicht bei denen, die beteten *, noch speisten wir die Armen. * Und wir ließen uns ein im Geschwätz mit den Schwätzern. * Und wir pflegten den Tag des Gerichts zu leugnen. **(74:42-46)**

Der Prophet

إِنَّ ٱللَّهَ وَمَلاَئِكَـتَهُ يُصَلُّونَ عَلَى ٱلنَّبِيِّ يٰأَيُّهَا ٱلَّذِينَ آمَنُواْ صَلُّواْ عَلَيْهِ وَسَلِّمُواْ تَسْلِيما ٥٦

Wahrlich, Allah sendet Segnungen auf den Propheten, und Seine Engel bitten darum für ihn. O ihr, die ihr glaubt, bittet (auch) ihr für ihn und wünscht ihm Frieden in aller Ehrerbietung. **(33:56)**

وَمَن يُطِعِ ٱللَّهَ وَرَسُولَهُ فَقَدْ فَازَ فَوْزاً عَظِيما ٧١

Und wer Allah und Seinem Gesandten gehorcht, der hat gewiss einen gewaltigen Gewinn erlangt. **(33:71)**

وَمَآ أَرْسَلْنَاكَ إِلاَّ كَآفَّةً لِّلنَّاسِ بَشِيراً وَنَذِيراً وَلَـٰكِنَّ أَكْثَرَ ٱلنَّاسِ لاَ يَعْلَمُونَ ٢٨

Und Wir haben dich nur als Bringer froher Botschaft und Warner für alle Menschen entsandt; jedoch die meisten Menschen wissen es nicht. **(34:28)**

مُحَمَّدٌ رَّسُولُ ٱللَّهِ وَٱلَّذِينَ مَعَهُ أَشِدَّآءُ عَلَى ٱلْكُفَّارِ رُحَمَآءُ بَيْنَهُمْ تَرَاهُمْ رُكَّعاً سُجَّداً يَبْتَغُونَ فَضْلاً مِّنَ ٱللَّهِ وَرِضْوَاناً

Muhammad ist der Gesandte Allahs. Und die, die mit ihm sind, sind hart gegen die Ungläubigen, doch barmherzig zueinander. Du siehst sie sich (*im Gebet*) beugen, niederwerfen (*und*) Allahs Huld und Wohlgefallen erstreben. **(48:29)**

يَا أَيُّهَا ٱلَّذِينَ آمَنُواْ ٱتَّقُواْ ٱللَّهَ وَآمِنُواْ بِرَسُولِهِ يُؤْتِكُمْ كِفْلَيْنِ مِن رَّحْمَتِهِ وَيَجْعَل لَّكُمْ نُوراً تَمْشُونَ بِهِ وَيَغْفِرْ لَكُمْ

O ihr, die ihr glaubt, fürchtet Allah und glaubt an Seinen Gesandten! Er wird euch einen doppelten Anteil von Seiner Barmherzigkeit geben und wird euch ein Licht bereiten, worin ihr wandeln werdet, und wird euch vergeben. **(57:28)**

Der Koran

هُوَ ٱلَّذِىٓ أَنزَلَ عَلَيْكَ ٱلْكِتَابَ مِنْهُ آيَاتٌ مُّحْكَمَاتٌ هُنَّ أُمُّ
ٱلْكِتَابِ وَأُخَرُ مُتَشَابِهَاتٌ فَأَمَّا ٱلَّذِينَ فِى قُلُوبِهِمْ زَيْغٌ فَيَتَّبِعُونَ
مَا تَشَابَهَ مِنْهُ ٱبْتِغَاءَ ٱلْفِتْنَةِ وَٱبْتِغَاءَ تَأْوِيلِهِ وَمَا يَعْلَمُ تَأْوِيلَهُ إِلاَّ
ٱللَّهُ وَٱلرَّاسِخُونَ فِى ٱلْعِلْمِ يَقُولُونَ آمَنَّا بِهِ كُلٌّ مِّنْ عِندِ رَبِّنَا وَمَا
يَذَّكَّرُ إِلاَّ أُوْلُواْ ٱلْأَلْبَابِ ٧

Er ist es, Der dir das Buch herabgesandt hat. Darin
sind eindeutig klare Verse - sie sind die Grundlage
des Buches – und andere, die verschieden zu deuten
sind. Doch diejenigen, in deren Herzen (*Neigung zur*)
Abkehr ist, folgen dem, was darin verschieden zu
deuten ist, um Zwietracht herbeizuführen und
Deutelei zu suchen, (*indem sie*) nach ihrer abwegigen
Deutung trachten. Aber niemand kennt ihre
Deutung außer Allah. Diejenigen aber, die ein tief
begründetes Wissen haben, sagen: "Wir glauben
wahrlich daran. Alles ist von unserem Herrn." Doch
niemand bedenkt dies außer den Einsichtigen. **(3:7)**

وَهَـٰذَا كِتَابٌ أَنزَلْنَاهُ مُبَارَكٌ فَٱتَّبِعُوهُ وَٱتَّقُواْ لَعَلَّكُمْ تُرْحَمُونَ ١٥٥

Und das ist (*auch*) ein Buch, das Wir niedersandten -
voll des Segens. So folgt ihm und hütet euch vor
Sünde, auf dass ihr Barmherzigkeit finden mögt.
(6:155)

إِنَّ ٱلَّذِينَ يَتْلُونَ كِتَابَ ٱللَّهِ وَأَقَامُواْ ٱلصَّلَوٰةَ وَأَنفَقُواْ مِمَّا
رَزَقْنَاهُمْ سِرّاً وَعَلاَنِيَةً يَرْجُونَ تِجَارَةً لَّن تَبُورَ ٢٩ لِيُوَفِّيَهُمْ
أُجُورَهُمْ وَيَزِيدَهُم مِّن فَضْلِهِ إِنَّهُ غَفُورٌ شَكُورٌ ٣٠

Wahrlich, diejenigen, die Allahs Buch verlesen und
das Gebet verrichten und von dem, was Wir ihnen
gegeben haben, insgeheim und offenkundig spenden, rechnen mit einem Handel, der nicht vergeblich
sein wird. * Damit gibt Er ihnen ihren vollen Lohn
und noch mehr aus Seiner Huld hinzu; Er ist
wahrlich Allverzeihend, Dankbar. **(35:29-30)**

المر تِلْكَ آيَاتُ ٱلْكِتَابِ وَٱلَّذِى أُنزِلَ إِلَيْكَ مِن رَّبِّكَ ٱلْحَقُّ
وَلَـٰكِنَّ أَكْثَرَ ٱلنَّاسِ لاَ يُؤْمِنُونَ ١

Im Namen Allahs, des Allerbarmers, des Barmherzigen! Alif Lam Mim Ra'. Das sind die Verse des
Buches. Und was dir von deinem Herrn herabgesandt wurde, ist die Wahrheit. Jedoch die meisten
Menschen glauben nicht. **(13:1)**

وَلَوْ أَنَّ قُرْآناً سُيِّرَتْ بِهِ ٱلْجِبَالُ أَوْ قُطِّعَتْ بِهِ ٱلْأَرْضُ أَوْ كُلِّمَ بِهِ ٱلْمَوْتَىٰ

Und gäbe es auch einen Qur'an, durch den Berge versetzt oder die Erde gespalten oder durch den zu den Toten gesprochen werden könnte. **(13:31)**

فَإِذَا قَرَأْتَ ٱلْقُرْآنَ فَٱسْتَعِذْ بِٱللَّهِ مِنَ ٱلشَّيْطَانِ ٱلرَّجِيمِ ٩٨

Und wenn du den Qur'an liest, so suche bei Allah Zuflucht vor Satan, dem Verfluchten. **(16:98)**

وَنُنَزِّلُ مِنَ ٱلْقُرْآنِ مَا هُوَ شِفَآءٌ وَرَحْمَةٌ لِّلْمُؤْمِنِينَ وَلاَ يَزِيدُ ٱلظَّالِمِينَ إلاَّ خَسَارا ٨٢

Und Wir senden vom Qur'an das hinab, was eine Heilung und Barmherzigkeit für die Gläubigen ist; den Ungerechten aber mehrt es nur den Schaden. **(17:82)**

وَإِنَّهُ لَتَنزِيلُ رَبِّ ٱلْعَالَمِينَ ١٩٢ نَزَلَ بِهِ ٱلرُّوحُ ٱلْأَمِينُ ١٩٣ عَلَىٰ قَلْبِكَ لِتَكُونَ مِنَ ٱلْمُنْذِرِينَ ١٩٤ بِلِسَانٍ عَرَبِيٍّ مُّبِينٍ ١٩٥

Und wahrlich, dies ist eine Offenbarung vom Herrn der Welten *, die von Gabriel, dem Vertrauenswür-

digen, herabgebracht worden ist * auf dein Herz, auf
dass du einer der Warner sein mögest * in arabischer
Sprache, die deutlich ist. **(26:192-195)**

وَكَذَٰلِكَ أَوْحَيْنَآ إِلَيْكَ رُوحاً مِّنْ أَمْرِنَا مَا كُنتَ تَدْرِى مَا
ٱلْكِتَابُ وَلاَ ٱلْإِيمَانُ وَلَـٰكِن جَعَلْنَاهُ نُوراً نَّهْدِى بِهِ مَن نَّشَآءُ
مِنْ عِبَادِنَا وَإِنَّكَ لَتَهْدِى إِلَى صِرَاطٍ مُّسْتَقِيمٍ ٥٢

Und so haben Wir dir nach Unserem Gebot ein Wort
offenbart. Weder wusstest du, was die Schrift noch
was der Glaube ist. Doch Wir haben sie[14] zu einem
Licht gemacht, mit dem Wir jenen von Unseren
Dienern, denen Wir wollen, den Weg weisen. Wahrlich, du leitest (*sie*) auf den geraden Weg. **(42:52)**

فَلاَ أُقْسِمُ بِمَوَاقِعِ ٱلنُّجُومِ ٧٥ وَإِنَّهُ لَقَسَمٌ لَّوْ تَعْلَمُونَ عَظِيمٌ ٧٦
إِنَّهُ لَقُرْآنٌ كَرِيمٌ ٧٧ فِى كِتَابٍ مَّكْنُونٍ ٧٨ لاَّ يَمَسُّهُ إِلاَّ
ٱلْمُطَهَّرُونَ ٧٩ تَنزِيلٌ مِّن رَّبِّ ٱلْعَالَمِينَ ٨٠

Ich schwöre bei den Stationen der Sterne - * und
wahrlich, das ist ein großer Schwur, wenn ihr es nur
wüsstet *, dass dies wahrlich ein edler Qur'an ist * in
einer wohl aufbewahrten Urschrift. * Keiner kann sie

---

[14] Nämlich: Die Offenbarung.

berühren, außer den Reinen. * (*Sie ist*) eine Offenbarung vom Herrn der Welten. **(56:75-80)**

لَوْ أَنزَلْنَا هَـٰذَا ٱلْقُرْآنَ عَلَىٰ جَبَلٍ لَّرَأَيْتَهُ خَاشِعاً مُّتَصَدِّعاً مِّنْ
خَشْيَةِ ٱللَّهِ وَتِلْكَ ٱلْأَمْثَالُ نَضْرِبُهَا لِلنَّاسِ لَعَلَّهُمْ يَتَفَكَّرُونَ

Hätten Wir diesen Qur'an auf einen Berg herabgesandt, hättest du gesehen, wie er sich gedemütigt
und aus Furcht vor Allah gespalten hätte. Und
solche Gleichnisse prägen Wir für die Menschen, auf
dass sie nachdenken mögen. **(59:21)**

وَإِنَّهُ لَتَذْكِرَةٌ لِّلْمُتَّقِينَ ٤٨

Und wahrlich, es ist eine Ermahnung für die Gottesfürchtigen. **(69:48)**

فَٱقْرَءُواْ مَا تَيَسَّرَ مِنْهُ وَأَقِيمُواْ ٱلصَّلواةَ وَآتُواْ ٱلزَّكَواةَ وَأَقْرِضُواْ
ٱللَّهَ قَرْضاً حَسَناً وَمَا تُقَدِّمُواْ لِأَنفُسِكُمْ مِّنْ خَيْرٍ تَجِدُوهُ عِندَ
ٱللَّهِ هُوَ خَيْراً وَأَعْظَمَ أَجْراً وَٱسْتَغْفِرُواْ ٱللَّهَ إِنَّ ٱللَّهَ غَفُورٌ رَّحِيمٌ

٢٠

So tragt von ihm das vor, was (*euch*) leicht fällt, und
verrichtet das Gebet und entrichtet die Zakah und
gebt Allah ein gutes Darlehen. Und das, was ihr an

Gutem für eure Seelen vorausschickt, werdet ihr bei Allah als besseren und größeren Lohn finden. Und bittet Allah um Vergebung. Wahrlich, Allah ist Allvergebend, Barmherzig. **(73:20)**

Der Ramadan

يَٰٓأَيُّهَا ٱلَّذِينَ ءَامَنُواْ كُتِبَ عَلَيۡكُمُ ٱلصِّيَامُ كَمَا كُتِبَ عَلَى ٱلَّذِينَ مِن قَبۡلِكُمۡ لَعَلَّكُمۡ تَتَّقُونَ ١٨٣

O ihr, die ihr glaubt! Das Fasten ist euch vorgeschrieben, so wie es denen vorgeschrieben war,
die vor euch waren. Vielleicht werdet ihr (*Allah*)
fürchten. **(2:183)**

شَهۡرُ رَمَضَانَ ٱلَّذِىٓ أُنزِلَ فِيهِ ٱلۡقُرۡآنُ هُدًى لِّلنَّاسِ وَبَيِّنَاتٍ مِّنَ ٱلۡهُدَىٰ وَٱلۡفُرۡقَانِ فَمَن شَهِدَ مِنكُمُ ٱلشَّهۡرَ فَلۡيَصُمۡهُ وَمَن كَانَ مَرِيضاً أَوۡ عَلَىٰ سَفَرٍ فَعِدَّةٌ مِّنۡ أَيَّامٍ أُخَرَ يُرِيدُ ٱللَّهُ بِكُمُ ٱلۡيُسۡرَ وَلاَ يُرِيدُ بِكُمُ ٱلۡعُسۡرَ وَلِتُكۡمِلُواْ ٱلۡعِدَّةَ وَلِتُكَبِّرُواْ ٱللَّهَ عَلَىٰ مَا هَدَاكُمۡ وَلَعَلَّكُمۡ تَشۡكُرُونَ ١٨٥

Der Monat Ramadan ist es, in dem der Qur'an als
Rechtleitung für die Menschen herabgesandt worden ist und als klarer Beweis der Rechtleitung und
der Unterscheidung. Wer also von euch in dem
Monat zugegen ist, der soll in ihm fasten. Und wer
krank ist oder sich auf einer Reise befindet, soll eine
Anzahl anderer Tage (*fasten*) - Allah will es euch
leicht, Er will es euch nicht schwer machen – damit

ihr die Frist vollendet und Allah rühmt, dass Er euch rechtgeleitet hat. Vielleicht werdet ihr dankbar sein. **(2:185)**

وَكُلُواْ وَٱشْرَبُواْ حَتَّىٰ يَتَبَيَّنَ لَكُمُ ٱلْخَيْطُ ٱلْأَبْيَضُ مِنَ ٱلْخَيْطِ ٱلْأَسْوَدِ مِنَ ٱلْفَجْرِ ثُمَّ أَتِمُّواْ ٱلصِّيَامَ إِلَى ٱللَّيْلِ

Und esst und trinkt, bis der weiße Faden von dem schwarzen Faden der Morgendämmerung für euch erkennbar wird. Danach vollendet das Fasten bis zur Nacht. **(2:187)**

Die Rangstufen

وَهُوَ ٱلَّذِى جَعَلَكُمْ خَلَٰٓئِفَ ٱلْأَرْضِ وَرَفَعَ بَعْضَكُمْ فَوْقَ بَعْضٍ دَرَجَاتٍ لِيَبْلُوَكُمْ فِى مَآ آتَاكُمْ إِنَّ رَبَّكَ سَرِيعُ ٱلْعِقَابِ وَإِنَّهُ لَغَفُورٌ رَّحِيمٌ ١٦٥

Und Er ist es, Der euch zu Nachfolgern auf der Erde machte und die einen von euch über die anderen um Rangstufen erhöhte, um euch durch das zu prüfen, was Er euch gegeben hat. Wahrlich, dein Herr ist schnell im Strafen; und wahrlich, Er ist Allvergebend, Barmherzig. **(6:165)**

Die Reue und die Vergebung

إِنَّ ٱللَّهَ يُحِبُّ ٱلتَّوَّابِينَ وَيُحِبُّ ٱلْمُتَطَهِّرِينَ ٢٢٢

Wahrlich, Allah liebt diejenigen, die sich (*Ihm*) reuevoll zuwenden und die sich reinigen." **(2:222)**

وَٱلَّذِينَ إِذَا فَعَلُواْ فَاحِشَةً أَوْ ظَلَمُواْ أَنْفُسَهُمْ ذَكَرُواْ ٱللَّهَ
فَٱسْتَغْفَرُواْ لِذُنُوبِهِمْ وَمَنْ يَغْفِرُ ٱلذُّنُوبَ إِلاَّ ٱللَّهُ وَلَمْ يُصِرُّواْ عَلَىٰ مَا
فَعَلُواْ وَهُمْ يَعْلَمُونَ ١٣٥ أُوْلَـٰئِكَ جَزَآؤُهُم مَّغْفِرَةٌ مِّن رَّبِّهِمْ وَجَنَّاتٌ
تَجْرِى مِن تَحْتِهَا ٱلْأَنْهَارُ خَالِدِينَ فِيهَا وَنِعْمَ أَجْرُ ٱلْعَامِلِينَ ١٣٦

Und diejenigen, die, wenn sie etwas Schändliches
getan oder gegen sich gesündigt haben, Allahs
gedenken und für ihre Sünden um Vergebung
flehen; und wer vergibt die Sünden außer Allah? -
und diejenigen, die nicht auf dem beharren, was sie
wissentlich taten *; für diese besteht ihr Lohn aus
Vergebung von ihrem Herrn und aus Gärten, durch
die Bäche fließen; darin werden sie ewig sein, und
herrlich ist der Lohn der Wirkenden. **(3:135-136)**

وَٱلَّذِينَ عَمِلُواْ ٱلسَّيِّئَاتِ ثُمَّ تَابُواْ مِن بَعْدِهَا وَآمَنُواْ إِنَّ رَبَّكَ
مِن بَعْدِهَا لَغَفُورٌ رَّحِيمٌ ١٥٣

Diejenigen aber, die Böses taten und es dann bereuten und glaubten - wahrlich, dein Herr ist hernach Allverzeihend, Barmherzig. **(7:153)**

أَلَمْ يَعْلَمُوٓاْ أَنَّ ٱللَّهَ هُوَ يَقْبَلُ ٱلتَّوْبَةَ عَنْ عِبَادِهِ وَيَأْخُذُ ٱلصَّدَقَاتِ وَأَنَّ ٱللَّهَ هُوَ ٱلتَّوَّابُ ٱلرَّحِيمُ ١٠٤

Wissen sie denn nicht, dass es Allah allein ist, Der von Seinen Dienern Reue annimmt und Almosen entgegennimmt, und dass Allah der Allvergebende, der Barmherzige ist? **(9:104)**

ٱلتَّآئِبُونَ ٱلْعَابِدُونَ ٱلْحَامِدُونَ ٱلسَّآئِحُونَ ٱلرَّاكِعُونَ ٱلسَّاجِدُونَ ٱلْآمِرُونَ بِٱلْمَعْرُوفِ وَٱلنَّاهُونَ عَنِ ٱلْمُنكَرِ وَٱلْحَافِظُونَ لِحُدُودِ ٱللَّهِ وَبَشِّرِ ٱلْمُؤْمِنِينَ ١١٢

Denjenigen, die sich in Reue (*zu Allah*) wenden, (*Ihn*) anbeten, (*Ihn*) lobpreisen, die (*in Seiner Sache*) umherziehen, die sich beugen und niederwerfen, die das Gute gebieten und das Böse verbieten und die Schranken Allahs achten – verkünde (*diesen*) Gläubigen die frohe Botschaft. **(9:112)**

وَمَن يَأْتِهِ مُؤْمِناً قَدْ عَمِلَ ٱلصَّالِحَاتِ فَأُوْلَـٰٓئِكَ لَهُمُ ٱلدَّرَجَاتُ ٱلْعُلَىٰ ٧٥ جَنَّاتُ عَدْنٍ تَجْرِى مِن تَحْتِهَا ٱلْأَنْهَارُ خَالِدِينَ فِيهَا

وَذٰلِكَ جَزَآءُ مَن تَزَكَّىٰ ٧٦

Denen aber, die als Gläubige zu Ihm kommen (*und*)
gute Taten vollbracht haben, sollen die höchsten
Rangstufen zuteilwerden *: die Gärten von Eden,
durch die Bäche fließen; darin werden sie auf ewig
verweilen. Und das ist der Lohn derer, die sich rein
halten. **(20:75-76)**

وَتُوبُوٓاْ إِلَى ٱللَّهِ جَمِيعاً أَيُّهَا ٱلْمُؤْمِنُونَ لَعَلَّكُمْ تُفْلِحُونَ ٣١

Und wendet euch allesamt reumütig Allah zu, o ihr
Gläubigen, auf dass ihr erfolgreich sein mögt. **(24:31)**

قُلْ يٰعِبَادِىَ ٱلَّذِينَ أَسْرَفُواْ عَلَىٰ أَنفُسِهِمْ لاَ تَقْنَطُواْ مِن رَّحْمَةِ ٱللَّهِ
إِنَّ ٱللَّهَ يَغْفِرُ ٱلذُّنُوبَ جَمِيعاً إِنَّهُ هُوَ ٱلْغَفُورُ ٱلرَّحِيمُ ٥٣ وَأَنِيبُوٓاْ
إِلَىٰ رَبِّكُمْ وَأَسْلِمُواْ لَهُ مِن قَبْلِ أَن يَأْتِيَكُمُ ٱلْعَذَابُ ثُمَّ لاَ
تُنصَرُونَ ٥٤

Sprich: "O Meine Diener, die ihr euch gegen eure
eigenen Seelen vergangen habt, verzweifelt nicht an
Allahs Barmherzigkeit; denn Allah vergibt alle Sünden; Er ist der Allverzeihende, der Barmherzige. *
Und kehrt euch zu eurem Herrn, und ergebt euch
Ihm, bevor die Strafe über euch kommt; (*denn*) dann
werdet ihr keine Hilfe finden. **(39:53-54)**

غَافِرِ ٱلذَّنبِ وَقَابِلِ ٱلتَّوْبِ شَدِيدِ ٱلْعِقَابِ ذِى ٱلطَّوْلِ لاَ إِلَـٰهَ إِلاَّ

هُوَ إِلَيْهِ ٱلْمَصِيرُ ٣

Dem die Sünde Vergebenden und die Reue An-
nehmenden, Dem Strengen in der Bestrafung, Dem
Besitzer der Gnaden- fülle. Es ist kein Gott außer
Ihm. Zu Ihm ist die Heimkehr. **(40:3)**

يَـٰٓأَيُّهَا ٱلَّذِينَ آمَنُواْ تُوبُواْ إِلَى ٱللَّهِ تَوْبَةً نَّصُوحاً عَسَىٰ رَبُّكُمْ أَن

يُكَفِّرَ عَنكُمْ سَيِّئَاتِكُمْ وَيُدْخِلَكُمْ جَنَّاتٍ تَجْرِى مِن

تَحْتِهَا ٱلْأَنْهَارُ يَوْمَ لاَ يُخْزِى ٱللَّهُ ٱلنَّبِيَّ وَٱلَّذِينَ آمَنُواْ مَعَهُ نُورُهُمْ

يَسْعَىٰ بَيْنَ أَيْدِيهِمْ وَبِأَيْمَانِهِمْ يَقُولُونَ رَبَّنَآ أَتْمِمْ لَنَا نُورَنَا وَٱغْفِرْ

لَنَآ إِنَّكَ عَلَىٰ كُلِّ شَىْءٍ قَدِيرٌ ٨

O ihr, die ihr glaubt, wendet euch in aufrichtiger
Reue zu Allah. Vielleicht wird euer Herr eure Übel
von euch nehmen und euch in Gärten führen, durch
die Bäche fließen; am Tage, da Allah den Propheten
nicht zu Schanden macht, noch jene, die mit ihm
glauben. Ihr Licht wird vor ihnen hereilen und auf
ihrer Rechten (*sein*). Sie werden sagen: "Unser Herr,
mache unser Licht für uns vollkommen und vergib
uns; denn Du hast Macht über alle Dinge."**(66:8)**

قَدْ أَفْلَحَ مَن تَزَكَّىٰ ١٤ وَذَكَرَ ٱسْمَ رَبِّهِ فَصَلَّىٰ ١٥

Erfolgreich ist wahrlich derjenige, der sich rein hält *
und des Namens seines Herrn gedenkt (*und*) alsdann betet. **(87:14-15)**

Rache

وَكَتَبْنَا عَلَيْهِمْ فِيهَآ أَنَّ ٱلنَّفْسَ بِٱلنَّفْسِ وَٱلْعَيْنَ بِٱلْعَيْنِ وَٱلْأَنْفَ
بِٱلْأَنْفِ وَٱلْأُذُنَ بِٱلْأُذُنِ وَٱلسِّنَّ بِٱلسِّنِّ وَٱلْجُرُوحَ قِصَاصٌ فَمَن
تَصَدَّقَ بِهِ فَهُوَ كَفَّارَةٌ لَّهُ وَمَن لَّمْ يَحْكُم بِمَآ أَنزَلَ ٱللَّهُ فَأُوْلَـٰئِكَ
هُمُ ٱلظَّالِمُونَ ٤٥

Wir hatten ihnen darin vorgeschrieben: Leben um
Leben, Auge um Auge, Nase um Nase, Ohr um Ohr
und Zahn um Zahn; und für Verwundungen
gerechte Vergeltung. Wer aber darauf verzichtet,
dem soll das eine Sühne sein; und wer nicht nach
dem richtet, was Allah herabgesandt hat - das sind
die Ungerechten. **(5:45)**

وَإِنْ عَاقَبْتُمْ فَعَاقِبُواْ بِمِثْلِ مَا عُوقِبْتُم بِهِ وَلَئِن صَبَرْتُمْ لَهُوَ خَيْرٌ
لِّلصَّابِرِينَ ١٢٦

Und wenn ihr bestraft, dann bestraft in dem Maße,
wie euch Unrecht zugefügt wurde; wollt ihr es aber
geduldig ertragen, dann ist das wahrlich das Beste
für die Geduldigen. **(16:126)**

Die Spaltung in der Religion

مُنِيبِينَ إِلَيْهِ وَٱتَّقُوهُ وَأَقِيمُواْ ٱلصَّلَاةَ وَلَا تَكُونُواْ مِنَ ٱلْمُشْرِكِينَ ٣١ مِنَ ٱلَّذِينَ فَرَّقُواْ دِينَهُمْ وَكَانُواْ شِيَعاً كُلُّ حِزْبٍ بِمَا لَدَيْهِمْ فَرِحُونَ ٣٢

Wendet euch zu Ihm und fürchtet Ihn und verrichtet das Gebet und seid nicht unter den Götzendienern. * Unter denen, die ihren Glauben gespalten haben und zu Parteien geworden sind - jede Partei freut sich über das, was sie selbst hat. **(30:31-32)**

إِنَّ ٱلَّذِينَ فَرَّقُواْ دِينَهُمْ وَكَانُواْ شِيَعاً لَّسْتَ مِنْهُمْ فِي شَيْءٍ إِنَّمَآ أَمْرُهُمْ إِلَى ٱللَّهِ ثُمَّ يُنَبِّئُهُم بِمَا كَانُواْ يَفْعَلُونَ ١٥٩

Mit jenen aber, die zur Spaltung ihrer Religion beitrugen und zu Parteien geworden sind, hast du nichts Gemeinsam- es. Ihre Angelegenheit wird sicherlich von Allah beurteilt werden; dann wird Er ihnen verkünden, was sie getan haben. **(6:159)**

Selbsterkenntnis

هُوَ أَعْلَمُ بِكُمْ إِذْ أَنشَأَكُم مِّنَ ٱلْأَرْضِ وَإِذْ أَنتُمْ أَجِنَّةٌ فِى بُطُونِ أُمَّهَاتِكُمْ فَلَا تُزَكُّوٓاْ أَنفُسَكُمْ هُوَ أَعْلَمُ بِمَنِ ٱتَّقَىٰ ۳۲

Er kennt euch sehr wohl; als Er euch aus der Erde hervorbrachte, und als ihr Embryos in den Leibern eurer Mütter wart. Darum erklärt euch nicht selber als rein. Er kennt diejenigen am Besten, die (*Ihn*) fürchten. **(53:32)**

إِنَّ ٱلنَّفْسَ لَأَمَّارَةٌۢ بِٱلسُّوٓءِ إِلَّا مَا رَحِمَ رَبِّى

Das (*Menschen-*) Wesen gebietet oft Böses; davon sind jene ausgenommen, derer mein Herr Sich erbarmt. **(12:53)**

Die Sünde aus Unwissenheit

ثُمَّ إِنَّ رَبَّكَ لِلَّذِينَ عَمِلُواْ ٱلسُّوٓءَ بِجَهَالَةٍ ثُمَّ تَابُواْ مِن بَعْدِ ذَٰلِكَ وَأَصْلَحُوٓاْ إِنَّ رَبَّكَ مِنۢ بَعْدِهَا لَغَفُورٌ رَّحِيمٌ ۱۱۹

Alsdann wird dein Herr gegen die, die in Unwissenheit Böses tun und es danach bereuen und sich bessern, wahrlich, (*ihnen gegenüber*) wird dein Herr hernach Allverzeihend, Barmherzig sein. **(16:119)**

Die seelische Belastbarkeit

لاَ تُكَلَّفُ نَفْسٌ إِلاَّ وُسْعَهَا

Von keiner Seele soll etwas gefordert werden über das hinaus, was sie zu leisten vermag. **(2:233)**

وَلاَ نُكَلِّفُ نَفْساً إِلاَّ وُسْعَهَا وَلَدَيْنَا كِتَابٌ يَنطِقُ بِٱلْحَقِّ وَهُمْ لاَ يُظْلَمُونَ ٦٢

Und Wir fordern von keiner Seele etwas über das hinaus, was sie zu leisten vermag. Und Wir haben ein Buch, das die Wahrheit spricht; und es soll ihnen kein Unrecht geschehen. **(23:62)**

وَنَفْسٍ وَمَا سَوَّاهَا ٧ فَأَلْهَمَهَا فُجُورَهَا وَتَقْوَاهَا ٨ قَدْ أَفْلَحَ مَن زَكَّاهَا ٩ وَقَدْ خَابَ مَن دَسَّاهَا ١٠

Und bei einer (*jeden menschlichen*) Seele und bei Dem, Der sie gebildet * und ihr den Sinn für ihre Sündhaftigkeit und für ihre Gottesfurcht eingegeben hat! * Wahrlich, erfolgreich ist derjenige, der sie rein hält *; und wahrlich, versagt hat derjenige, der sie verkommen lässt. **(91:7-10)**

Die Hingabe zu Allah

وَمَن يُسْلِمْ وَجْهَهُ إِلَى ٱللَّهِ وَهُوَ مُحْسِنٌ فَقَدِ ٱسْتَمْسَكَ بِٱلْعُرْوَةِ
ٱلْوُثْقَىٰ وَإِلَى ٱللَّهِ عَاقِبَةُ ٱلْأُمُورِ ٢٢

Und der aber, der sein Antlitz auf Allah richtet und
Gutes tut, hat wahrlich die festeste Handhabe ergrif-
fen. Und bei Allah ruht das Ende aller Dinge. **(31:22)**

Die Prüfung

أَحَسِبَ ٱلنَّاسُ أَن يُتْرَكُوٓاْ أَن يَقُولُوٓاْ آمَنَّا وَهُمْ لاَ يُفْتَنُونَ ١
وَلَقَدْ فَتَنَّا ٱلَّذِينَ مِن قَبْلِهِمْ فَلَيَعْلَمَنَّ ٱللَّهُ ٱلَّذِينَ صَدَقُواْ
وَلَيَعْلَمَنَّ ٱلْكَاذِبِينَ ٣

Meinen die Menschen, sie würden in Ruhe gelassen
werden, wenn sie bloß sagten: "Wir glauben.", und
meinen sie, sie würden nicht auf die Probe gestellt? *
Und Wir stellten doch die auf die Probe, die vor
ihnen waren. Also wird Allah gewiss die erkennen,

die wahrhaftig sind, und gewiss wird Er die Lügner erkennen. **(29:2-3)**

وَلَنَبْلُوَنَّكُمْ حَتَّىٰ نَعْلَمَ ٱلْمُجَاهِدِينَ مِنكُمْ وَٱلصَّابِرِينَ وَنَبْلُوَ أَخْبَارَكُمْ ٣١

Und Wir wollen euch sicherlich prüfen, bis Wir diejenigen von euch kennen, die kämpfen und standhaft sind. Und Wir wollen dann eure Verhaltensweise bekanntgeben. **(47:31)**

Die Dankbarkeit

وَسَيَجْزِى ٱللَّهُ ٱلشَّاكِرِينَ ١٤٤

Aber Allah wird wahrlich die Dankbaren belohnen.
(3:144)

وَإِذْ تَأَذَّنَ رَبُّكُمْ لَئِن شَكَرْتُمْ لَأَزِيدَنَّكُمْ وَلَئِن كَفَرْتُمْ إِنَّ عَذَابِى لَشَدِيدٌ ٧

Und da kündigte euer Herr an: "Wenn ihr dankbar
seid, so will Ich euch wahrlich mehr geben; seid ihr
aber undankbar, dann ist Meine Strafe wahrlich
streng." **(14:7)**

وَمَن شَكَرَ فَإِنَّمَا يَشْكُرُ لِنَفْسِهِ وَمَن كَفَرَ فَإِنَّ رَبِّى غَنِىٌّ كَرِيم ٤٠

Und wer dankbar ist, der ist dankbar zum Heil
seiner eigenen Seele; wer aber undankbar ist - siehe,
mein Herr ist auf keinen angewiesen, Großzügig."
(27:40)

وَمِن رَّحْمَتِهِ جَعَلَ لَكُمُ ٱللَّيْلَ وَٱلنَّهَارَ لِتَسْكُنُواْ فِيهِ وَلِتَبْتَغُواْ مِن فَضْلِهِ وَلَعَلَّكُمْ تَشْكُرُونَ ٧٣

Und in Seiner Barmherzigkeit erschuf Er für euch die Nacht und den Tag, auf dass ihr darin ruhen mögt und auf dass ihr nach Seiner Huld trachtet und dankbar sein mögt. **(28:73)**

وَلاَ يَرْضَىٰ لِعِبَادِهِ ٱلْكُفْرَ وَإِن تَشْكُرُواْ يَرْضَهُ لَكُمْ

Und Er findet nicht Wohlgefallen am Unglauben Seiner Diener; doch wenn ihr aber dankbar seid, so gefällt Ihm das an euch. **(39:7)**

نِّعْمَةً مِّنْ عِندِنَا كَذٰلِكَ نَجْزِى مَن شَكَرَ ٣٥

als eine Gnade von Uns. So belohnen Wir den, der dankbar ist. **(54:35)**

Die Wahrheit

وَلاَ تَلْبِسُواْ ٱلْحَقَّ بِٱلْبَاطِلِ وَتَكْتُمُواْ ٱلْحَقَّ وَأَنْتُمْ تَعْلَمُونَ ٤٢

Und mischt nicht Wahrheit mit Unrecht durcheinander! Und verschweigt nicht die Wahrheit, wo ihr (*sie*) doch kennt. **(2:42)**

قُلْ يَـٰأَهْلَ ٱلْكِتَابِ لاَ تَغْلُواْ فِى دِينِكُمْ غَيْرَ ٱلْحَقِّ وَلاَ تَتَّبِعُواْ أَهْوَآءَ قَوْمٍ قَدْ ضَلُّواْ مِن قَبْلُ وَأَضَلُّواْ كَثِيراً وَضَلُّواْ عَن سَوَآءِ ٱلسَّبِيلِ ٧٧

Sprich: "O Leute der Schrift, übertreibt nicht zu Unrecht in eurem Glauben und folgt nicht den bösen Neigungen von Leuten, die schon vor dem irregingen und viele irregeführt haben und weit vom rechten Weg abgeirrt sind." **(5:77)**

قَالَ ٱللَّهُ هَـٰذَا يَوْمُ يَنفَعُ ٱلصَّادِقِينَ صِدْقُهُمْ لَهُمْ جَنَّاتٌ تَجْرِى مِن تَحْتِهَا ٱلْأَنْهَارُ خَالِدِينَ فِيهَآ أَبَداً

Allah wird sprechen: "Das ist ein Tag, an dem den Wahr- haftigen ihre Wahrhaftigkeit nützen soll. Für sie gibt es Gärten, durch welche Bäche fließen; darin sollen sie verweilen auf ewig und immerdar. **(5:119)**

وَإِذَا قُلْتُمْ فَٱعْدِلُواْ وَلَوْ كَانَ ذَا قُرْبَىٰ

Und wenn ihr eine Aussage macht, so übt Gerechtigkeit, auch wenn es einen nahen Verwandten
(*betrifft*)." **(6:152)**

وَقُلْ جَآءَ ٱلْحَقُّ وَزَهَقَ ٱلْبَاطِلُ إِنَّ ٱلْبَاطِلَ كَانَ زَهُوقا ٨١

Und sprich: "Gekommen ist die Wahrheit und
dahingeschwunden ist die Falschheit; wahrlich, das
Falsche verschwindet bestimmt." **(17:81)**

يَٰٓأَيُّهَا ٱلَّذِينَ ءَامَنُواْ ٱتَّقُواْ ٱللَّهَ وَقُولُواْ قَوْلاً سَدِيدا ٧٠ يُصْلِحْ لَكُمْ
أَعْمَالَكُمْ وَيَغْفِرْ لَكُمْ ذُنُوبَكُمْ وَمَن يُطِعِ ٱللَّهَ وَرَسُولَهُ فَقَدْ
فَازَ فَوْزاً عَظِيما ٧١

O ihr, die ihr glaubt! Fürchtet Allah und sprecht auf-
richtige Worte, * auf dass Er eure Taten segensreich
fördere und euch eure Sünden vergebe! Und wer
Allah und Seinem Gesandten gehorcht, der hat
gewiss einen gewaltigen Gewinn erlangt. **(33:70-71)**

Der Zins und der Handel

وَأَحَلَّ ٱللَّهُ ٱلْبَيْعَ وَحَرَّمَ ٱلرِّبَا فَمَن جَآءَهُ مَوْعِظَةٌ مِّن رَّبِّهِ فَٱنْتَهَىٰ فَلَهُ مَا سَلَفَ وَأَمْرُهُ إِلَى ٱللَّهِ وَمَنْ عَادَ فَأُوْلَـٰٓئِكَ أَصْحَابُ ٱلنَّارِ هُمْ فِيهَا خَالِدُونَ ٢٧٥

Doch Allah hat den Handel erlaubt und das Zins-
nehmen verboten. Und wenn zu jemandem eine
Ermahnung von seinem Herrn kommt und er dann
aufhört - dem soll verbleiben, was bereits geschehen
ist. Und seine Sache ist bei Allah. Wer es aber von
neuem tut - die werden Bewohner des Feuers sein,
darin werden sie ewig bleiben. **(2:275)**

يَمْحَقُ ٱللَّهُ ٱلرِّبَا وَيُرْبِي ٱلصَّدَقَاتِ وَٱللَّهُ لاَ يُحِبُّ كُلَّ كَفَّارٍ أَثِيمٍ

٢٧٦

Allah wird den Zins dahinschwinden lassen und die
Mildtätigkeit vermehren. Und Allah liebt keinen,
der ein hartnäckiger Ungläubiger und Übeltäter ist.
(2:276)

يَٰٓأَيُّهَا ٱلَّذِينَ آمَنُواْ ٱتَّقُواْ ٱللَّهَ وَذَرُواْ مَا بَقِيَ مِنَ ٱلرِّبَا إِن كُنْتُمْ مُّؤْمِنِينَ ٢٧٨

O ihr, die ihr glaubt, fürchtet Allah und verzichtet auf das, was noch übrig ist an Zinsen, wenn ihr Gläubige seid. **(2:278)**

وَإِن كَانَ ذُو عُسْرَةٍ فَنَظِرَةٌ إِلَىٰ مَيْسَرَةٍ وَأَن تَصَدَّقُواْ خَيْرٌ لَّكُمْ إِن كُنْتُمْ تَعْلَمُونَ ٢٨٠

Wenn jemand in Schwierigkeiten ist, dann gewährt ihm Aufschub, bis eine Erleichterung (*eintritt*). Doch wenn ihr mildtätig seid, so ist es besser für euch, wenn ihr es nur wüsstet. **(2:280)**

يَا أَيُّهَا ٱلَّذِينَ آمَنُواْ لاَ تَأْكُلُواْ ٱلرِّبَا أَضْعَافاً مُّضَاعَفَةً وَٱتَّقُواْ ٱللَّهَ لَعَلَّكُمْ تُفْلِحُونَ ١٣٠

O ihr, die ihr glaubt, verschlingt nicht die Zinsen in mehrfacher Verdoppelung, sondern fürchtet Allah! Vielleicht werdet ihr erfolgreich sein. **(3:130)**

يَا أَيُّهَا ٱلَّذِينَ آمَنُواْ لاَ تَأْكُلُوۤاْ أَمْوَالَكُمْ بَيْنَكُمْ بِٱلْبَاطِلِ إِلاَّ أَن تَكُونَ تِجَارَةً عَن تَرَاضٍ مِّنْكُمْ وَلاَ تَقْتُلُواْ أَنْفُسَكُمْ

O die ihr glaubt! Verzehrt nicht euer Vermögen untereinander in ungerechter Weise, sondern treibt Handelsgeschäfte im gegenseitigen Einvernehmen; und begeht nicht Selbstmord! Wahrlich, Allah verfährt barmherzig mit euch. **(4:29)**

وَمَآ آتَيْتُم مِّن رِّباً لِّيَرْبُوَ فِى أَمْوَالِ ٱلنَّاسِ فَلاَ يَرْبُو عِندَ ٱللَّهِ وَمَآ
آتَيْتُم مِّن زَكَاةٍ تُرِيدُونَ وَجْهَ ٱللَّهِ فَأُوْلَـٰئِكَ هُمُ ٱلْمُضْعِفُونَ ٣٩

Und was immer ihr auf Zinsen verleiht, damit es
sich mit dem Gut der Menschen vermehre, es ver-
mehrt sich nicht vor Allah; doch was ihr an Zakah
entrichtet, indem ihr nach Allahs Antlitz verlangt -
sie sind es, die vielfache Mehrung empfangen
werden. (30:39)

Die Gelüste und der Frevel

وَأُحْضِرَتِ ٱلْأَنْفُسُ ٱلشُّحَّ وَإِن تُحْسِنُوا۟ وَتَتَّقُوا۟ فَإِنَّ ٱللَّهَ كَانَ بِمَا تَعْمَلُونَ خَبِيرا ١٢٨

Die Menschen sind auf Habsucht eingestellt. Tut ihr jedoch Gutes und seid gottesfürchtig, dann ist Allah eures Tuns kundig. **(4:128)**

قُلْ يَـٰأَهْلَ ٱلْكِتَابِ لاَ تَغْلُوا۟ فِى دِينِكُمْ غَيْرَ ٱلْحَقِّ وَلاَ تَتَّبِعُوٓا۟ أَهْوَآءَ قَوْمٍ قَدْ ضَلُّوا۟ مِن قَبْلُ وَأَضَلُّوا۟ كَثِيراً وَضَلُّوا۟ عَن سَوَآءِ ٱلسَّبِيلِ ٧٧

Sprich: "O Leute der Schrift, übertreibt nicht zu Unrecht in eurem Glauben und folgt nicht den bösen Neigungen von Leuten, die schon vordem irregingen und viele irregeführt haben und weit vom rechten Weg abgeirrt sind." **(5:77)**

وَٱصْبِرْ نَفْسَكَ مَعَ ٱلَّذِينَ يَدْعُونَ رَبَّهُم بِٱلْغَدَوٰةِ وَٱلْعَشِيِّ يُرِيدُونَ وَجْهَهُ وَلاَ تَعْدُ عَيْنَاكَ عَنْهُمْ تُرِيدُ زِينَةَ ٱلْحَيَاةِ ٱلدُّنْيَا وَلاَ تُطِعْ مَنْ أَغْفَلْنَا قَلْبَهُ عَن ذِكْرِنَا وَٱتَّبَعَ هَوَاهُ وَكَانَ أَمْرُهُ فُرُطا ٢٨

Und gedulde dich zusammen mit denjenigen, die ihren Herrn morgens und abends anrufen – im Trachten nach Seinem Wohlgefallen; und wende deine Blicke nicht von ihnen ab, indem du nach dem Schmuck des irdischen Lebens trachtest; und gehorche nicht dem, dessen Herz Wir achtlos für die Erinnerung an Uns machten, (*und gehorche nicht dem*) der seinen Gelüsten folgt und kein Maß und Ziel kennt. **(18:28)**

قُل لِّلْمُؤْمِنِينَ يَغُضُّواْ مِنْ أَبْصَارِهِمْ وَيَحْفَظُواْ فُرُوجَهُمْ ذَٰلِكَ أَزْكَىٰ لَهُمْ إِنَّ ٱللَّهَ خَبِيرٌ بِمَا يَصْنَعُونَ ٣٠

Sprich zu den gläubigen Männern, dass sie ihre Blicke zu Boden senken und ihre Keuschheit wahren sollen. Das ist reiner für sie. Wahrlich, Allah ist dessen, was sie tun, recht wohl kundig. **(24:30)**

أَفَرَأَيْتَ مَنِ ٱتَّخَذَ إِلَٰهَهُ هَوَاهُ وَأَضَلَّهُ ٱللَّهُ عَلَىٰ عِلْمٍ وَخَتَمَ عَلَىٰ سَمْعِهِ وَقَلْبِهِ وَجَعَلَ عَلَىٰ بَصَرِهِ غِشَاوَةً فَمَن يَهْدِيهِ مِن بَعْدِ ٱللَّهِ أَفَلَا تَذَكَّرُونَ ٢٣

Hast du den gesehen, der sich seine eigene Neigung zum Gott nimmt und den Allah auf Grund (*Seines*) Wissens zum Irrenden erklärt und dem Er Ohren und Herz versiegelt und auf dessen Augen Er einen

Schleier gelegt hat? Wer sollte ihn außer Allah wohl richtig führen? Wollt ihr euch da nicht ermahnen lassen? **(45:23)**

وَأَمَّا مَنْ خَافَ مَقَامَ رَبِّهِ وَنَهَى ٱلنَّفْسَ عَنِ ٱلْهَوَىٰ ٤٠ فَإِنَّ ٱلْجَنَّةَ هِىَ ٱلْمَأْوَىٰ ٤١

Wer aber das Stehen vor seinem Herrn gefürchtet hatte und die eigene Seele von niederem Gelüst abhielt * - so wird das Paradies sicherlich (*seine*) Herberge sein. **(79:40-41)**

Die Verschwendung

وَءَاتِ ذَا ٱلْقُرْبَىٰ حَقَّهُۥ وَٱلْمِسْكِينَ وَٱبْنَ ٱلسَّبِيلِ وَلَا تُبَذِّرْ تَبْذِيرًا

٢٦

Und gib dem Verwandten, was ihm gebührt, und ebenso dem Armen und dem Sohn des Weges, aber sei (*dabei*) nicht ausgesprochen verschwenderisch. **(17:26)**

إِنَّ ٱلْمُبَذِّرِينَ كَانُوٓاْ إِخْوَانَ ٱلشَّيَاطِينِ

Denn die Verschwender sind Brüder der Satane. **(17:27)**

Die Ehegattin

هُنَّ لِبَاسٌ لَّكُمْ وَأَنْتُمْ لِبَاسٌ لَّهُنَّ

Sie sind Geborgenheit für euch und ihr seid Geborgenheit für sie. **(2:187)**

وَلاَ تَنْكِحُواْ ٱلْمُشْرِكَاتِ حَتَّىٰ يُؤْمِنَّ

Und heiratet keine Götzenanbeterinnen, ehe sie glauben. **(2:221)**

وَٱللَّهُ جَعَلَ لَكُمْ مِّنْ أَنْفُسِكُمْ أَزْوَاجاً وَجَعَلَ لَكُمْ مِّنْ أَزْوَاجِكُم بَنِينَ وَحَفَدَةً وَرَزَقَكُم مِّنَ ٱلطَّيِّبَاتِ

Und Allah gab euch Gattinnen aus euch selbst, und aus euren Gattinnen machte Er euch Söhne und Enkelkinder, und Er hat euch mit Gutem versorgt. **(16:72)**

وَهُوَ ٱلَّذِى خَلَقَ مِنَ ٱلْمَآءِ بَشَراً فَجَعَلَهُ نَسَباً وَصِهْراً وَكَانَ رَبُّكَ قَدِيرا

Und Er ist es, Der den Menschen aus Wasser erschaffen hat und ihm Blutsverwandtschaft und

Schwägerschaft gab; und Allmächtig ist dein Herr. **(25:54)**

خَلَقَكُمْ مِّن نَّفْسٍ وَاحِدَةٍ ثُمَّ جَعَلَ مِنْهَا زَوْجَهَا

Er erschuf euch aus einem einzigen Wesen, dann machte Er aus diesem seine Gattin. **(39:6)**

Die Weisheit im Koran

وَلَوْلاَ دَفْعُ ٱللَّهِ ٱلنَّاسَ بَعْضَهُمْ بِبَعْضٍ لَفَسَدَتِ ٱلْأَرْضُ

وَلَـٰكِنَّ ٱللَّهَ ذُو فَضْلٍ عَلَى ٱلْعَالَمِينَ ٢٥١

Und wenn Allah nicht die einen Menschen durch die anderen zurückgehalten hätte, dann wäre die Erde wahrhaftig von Unheil erfüllt. Doch Allah ist huld voll gegen alle Welten. **(2:251)**

يُرِيدُ ٱللَّهُ أَن يُخَفِّفَ عَنْكُمْ وَخُلِقَ ٱلْإِنسَانُ ضَعِيفا ٢٨

Allah will eure Bürde erleichtern; denn der Mensch ist schwach erschaffen. **(4:28)**

لاَّ تُدْرِكُهُ ٱلْأَبْصَارُ وَهُوَ يُدْرِكُ ٱلْأَبْصَارَ وَهُوَ ٱللَّطِيفُ ٱلْخَبِيرُ ١٠٣

Blicke können Ihn nicht erreichen, Er aber erreicht die Blicke. Und Er ist der Allgütige, der Allkundige. **(6:103)**

ذَٰلِكَ بِأَنَّ ٱللَّهَ لَمْ يَكُ مُغَيِّراً نِّعْمَةً أَنْعَمَهَا عَلَى قَوْمٍ حَتَّىٰ يُغَيِّرُواْ مَا

بِأَنْفُسِهِمْ وَأَنَّ ٱللَّهَ سَمِيعٌ عَلِيمٌ ٥٣

Dies (*ist so*), weil Allah niemals eine Gnade ändern würde, die Er einem Volk gewährt hat, es sei denn, dass es seine eigene Einstellung änderte, und weil Allah Allhörend, Allwissend ist. **(8:53)**

وَيَوْمَ يَحْشُرُهُمْ كَأَن لَّمْ يَلْبَثُوٓاْ إِلَّا سَاعَةً مِّنَ ٱلنَّهَارِ يَتَعَارَفُونَ بَيْنَهُمْ قَدْ خَسِرَ ٱلَّذِينَ كَذَّبُواْ بِلِقَآءِ ٱللَّهِ وَمَا كَانُواْ مُهْتَدِينَ ٤٥

Und an dem Tage, an dem Er sie (*vor Sich*) versammelt, (*kommt es ihnen so vor*) als hätten sie nur eine Stunde an einem Tage (*auf Erden*) verweilt. Sie werden einander erkennen. Verloren wahrlich haben jene, die die Begegnung mit Allah leugneten und nicht rechtgeleitet waren. **(10:45)**

يَخْرُجُ مِن بُطُونِهَا شَرَابٌ مُّخْتَلِفٌ أَلْوَانُهُ فِيهِ شِفَآءٌ لِلنَّاسِ

Aus ihren Leibern kommt ein Trank, mannigfach an Farbe. Darin liegt ein Heilmittel für die Menschen. Wahrlich, hierin ist ein Zeichen für Leute, die nachdenken. **(16:69)**

وَلَا تَقْفُ مَا لَيْسَ لَكَ بِهِ عِلْمٌ

Und verfolge nicht das, wovon du keine Kenntnis hast. **(17:36)**

وَإِنَّ يَوْماً عِندَ رَبِّكَ كَأَلْفِ سَنَةٍ مِّمَّا تَعُدُّونَ ٤٧

Wahrlich, ein Tag bei deinem Herrn ist gleich tausend Jahre nach eurer Zeitrechnung. **(22:47)**

وَقُلِ ٱلْحَمْدُ لِلَّهِ سَيُرِيكُمْ آيَاتِهِ فَتَعْرِفُونَهَا

Und sprich: "Aller Preis gebührt Allah; Er wird euch
Seine Zeichen zeigen, und ihr werdet sie erkennen."
(27:93)

وَلاَ تُصَعِّرْ خَدَّكَ لِلنَّاسِ وَلاَ تَمْشِ فِى ٱلْأَرْضِ مَرَحاً إِنَّ ٱللَّهَ لاَ
يُحِبُّ كُلَّ مُخْتَالٍ فَخُورٍ ١٨ وَٱقْصِدْ فِى مَشْيِكَ وَٱغْضُضْ مِن
صَوْتِكَ إِنَّ أَنكَرَ ٱلْأَصْوَاتِ لَصَوْتُ ٱلْحَمِيرِ ١٩

Und weise den Menschen nicht verächtlich deine
Wange und schreite nicht ausgelassen (*in Übermut*)
auf Erden; denn Allah liebt keine eingebildeten
Prahler. * Und schreite gemessenen Schrittes und
dämpfe deine Stimme; denn wahrlich, die wider-
wärtigste der Stimmen ist die Stimme des Esels."
(31:18-19)

وَإِنَّآ إِذَآ أَذَقْنَا ٱلْإِنسَانَ مِنَّا رَحْمَةً فَرِحَ بِهَا وَإِن تُصِبْهُمْ سَيِّئَةٌ بِمَا
قَدَّمَتْ أَيْدِيهِمْ فَإِنَّ ٱلْإِنسَانَ كَفُورٌ ٤٨

Wenn Wir dem Menschen von Unserer Barmherzigkeit zu kosten geben, so freut er sich über sie. Doch wenn ein Unheil sie um dessentwillen trifft, was ihre Hände vorausgeschickt haben - siehe, dann ist der Mensch undankbar. (42:48)

نَحْنُ قَسَمْنَا بَيْنَهُم مَّعِيشَتَهُمْ فِى ٱلْحَيَاةِ ٱلدُّنْيَا وَرَفَعْنَا بَعْضَهُمْ فَوْقَ بَعْضٍ دَرَجَاتٍ لِّيَتَّخِذَ بَعْضُهُم بَعْضاً سُخْرِيّاً وَرَحْمَةُ رَبِّكَ خَيْرٌ مِّمَّا يَجْمَعُونَ ٣٢

Wir Selbst verteilen unter ihnen ihren Lebensunterhalt im irdischen Leben und erhöhen einige von ihnen über die anderen im Rang, auf dass die Einen die Anderen in den Dienst nehmen mögen. Und die Barmherzigkeit deines Herrn ist besser als das, was sie anhäufen. (43:32)

وَإِنَّ ٱلظَّالِمِينَ بَعْضُهُمْ أَوْلِيَآءُ بَعْضٍ وَٱللَّهُ وَلِىُّ ٱلْمُتَّقِينَ ١٩

Und was die Ungerechten anbelangt, so sind einige von ihnen die Beschützer anderer; Allah aber ist der Beschützer der Gottesfürchtigen. (45:19)

هُوَ ٱلَّذِىٓ أَنزَلَ ٱلسَّكِينَةَ فِى قُلُوبِ ٱلْمُؤْمِنِينَ لِيَزْدَادُوٓاْ إِيمَاناً مَّعَ إِيمَانِهِمْ

Er ist es, Der die Ruhe in die Herzen der Gläubigen niedersandte, damit sie ihrem Glauben Glauben hinzufügen. **(48:4)**

وَلَقَدْ خَلَقْنَا ٱلْإِنسَانَ وَنَعْلَمُ مَا تُوَسْوِسُ بِهِ نَفْسُهُ وَنَحْنُ أَقْرَبُ إِلَيْهِ مِنْ حَبْلِ ٱلْوَرِيدِ ١٦

Und wahrlich, Wir erschufen den Menschen, und Wir wissen, was er in seinem Innern hegt; und Wir sind ihm näher als (*seine*) Halsschlagader. **(50:16)**

وَإِذَا رَأَوْاْ تِجَارَةً أَوْ لَهْواً ٱنفَضُّواْ إِلَيْهَا وَتَرَكُوكَ قَآئِماً قُلْ مَا عِندَ ٱللَّهِ خَيْرٌ مِّنَ ٱللَّهْوِ وَمِنَ ٱلتِّجَارَةِ وَٱللَّهُ خَيْرُ ٱلرَّازِقِينَ ١١

Doch wenn sie eine Handelsware oder ein Spiel sehen, dann brechen sie sogleich dazu auf und lassen dich (*im Gebet*) stehen. Sprich: ”Was bei Allah ist, das ist besser als Spiel und Handelsware, und Allah ist der beste Versorger.“ **(62:11)**

أَوَلَمْ يَرَوْا إِلَى ٱلطَّيْرِ فَوْقَهُمْ صَافَّاتٍ وَيَقْبِضْنَ مَا يُمْسِكُهُنَّ إِلاَّ ٱلرَّحْمَـٰنُ إِنَّهُ بِكُلِّ شَىْءٍ بَصِيرٌ ١٩

Haben sie nicht die Vögel über sich gesehen, wie sie ihre Flügel ausbreiten und sie dann einziehen? Kein

Anderer als der Allerbarmer hält sie (*in der Luft*). Wahrlich, Er ist aller Dinge gewahr. **(67:19)**

لَقَدْ خَلَقْنَا ٱلْإِنسَانَ فِى كَبَدٍ ٤

Wahrlich, Wir haben den Menschen (*zu einem Dasein*) in Bedrängnis erschaffen. **(90:4)**

لَيْلَةُ ٱلْقَدْرِ خَيْرٌ مِّنْ أَلْفِ شَهْرٍ ٣

Die Nacht von Al-Qadr ist besser als tausend Monate. **(97:3)**